Das Gelb
auf Davids Harfe

Salomo Salewski
meinem 1938 ‚plötzlich verschwundenen' Klassenkameraden
zum Gedächtnis

Unseren Enkelkindern
nach vorn zu

Das Gelb auf Davids Harfe

kolorierte Radierungen zur Bibel
von Marc Chagall

mit meditativen Texten
von Christoph Goldmann

Verlag
Katholisches Bibelwerk

ISBN 3-460-27222-8

www.bibelwerk.de

Umschlag: Finken & Bumiller, Stuttgart

Titelbild: Marc Chagall, Saul und David, Radierung, koloriert, BIBLE 61, © VG Bild-Kunst, Bonn 2004

Für alle Abbildungen einschließlich Titelbild: © VG Bild-Kunst, Bonn 2004

Gesamtherstellung: Druckerei zu Altenburg GmbH, Altenburg

Marc Chagalls Radierungen zu Texten der Bibel sind hinsichtlich ihrer künstlerischen Qualität und der Einfühlung in biblische Gestalten und Ereignisse oft mit solchen Rembrandts verglichen worden. Chagall brachte aus einer in chassidisch-jüdischer Lebenspraxis geprägten Familie und Umwelt ein elementares Verhältnis zu den Texten der Hebräischen Bibel mit.
Schon früh sprach er den Wunsch aus, Maler zu werden. Wie ein Wunder wirkt es noch heute, dass der fast mittellose Arbeitersohn aus dem jüdischen Ghetto durch eine Begegnung mit einem Mäzen in St. Petersburg ein Stipendium erhielt, mit dem er von 1910 bis 1914 nach Paris ging. Dort lernte er den Aufbruch der Malerei in ihren vielfältigen Facetten kennen.
Die von Georges Braque eingeführte Technik der ‚plans superposés' zeigte ihm eine Möglichkeit, mehrschichtige Wirklichkeit auszudrücken. Das kam seiner Suche nach einem Weg entgegen, eine, wie er sagte, „vierte, fünfte, eine psychische Dimension" sichtbar zu machen als „Wirklichkeit hinter oder unter der äußeren Realität".
Diesem ihm eigensten Impuls folgte er unbeirrt. In der Organisation der Fläche eines Blattes, in grafischen Zeichen, in noch kleinsten Pinselstrichen gelang es ihm, Ausdruck zu schaffen für die seelische Wirklichkeit eines Menschen, die Befindlichkeit eines Tieres oder für religiöse Räume.

Von 1931–1939 arbeitete Chagall an den Radierungen zur Bibel, die er nach der Flucht aus Frankreich und nach seiner Rückkehr beendete. 1956 ließ er die 105 Blätter unter dem Titel BIBLE durch Tériade edieren.
BIBLE-Ausgaben zu je 105 Blättern hat Chagall später mit Aquarell koloriert.
Es ist nicht unwichtig zu sehen, dass Chagall in unterschiedlichen Ausgaben auf den gleichen Blättern jeweils für dieselbe Stelle die gleiche Farbe gewählt hat.
Das Katholische Bibelwerk trat an mich heran mit dem Vorschlag, je einem Chagall-Bild eine Textseite gegenüberzustellen, aufgeteilt in Bibeltextauszug und meditative Bildentdeckung. Dieser Anfrage bin ich gern gefolgt.
Mit der Herausgabe dieses Bandes verknüpft sich der Wunsch, der Betrachter möchte im Dialog mit den Bildern erfahren, wie der uralte Bibeltext Aktualität gewinnt, wie er Neugier erweckt und in postmoderner Zeit überraschend biblische Orientierung als bleibende Möglichkeit bereithält.

Fuldabrück, Pessach/Ostern 2004

Christoph Obadja Goldmann

Hinweise:
Der heilige, unaussprechliche **Gottesname** Jhwh wird als Ewiger, in Kapitälchen gesetzt, wiedergegeben.
Kursiv gesetzte Texte sind wörtliche („...") oder gebündelte Zitate, für die die Quellenangaben im Anhang zu finden sind.

Gott sprach:
Lasst uns einen Menschen machen in unserem Ebenbild, nach unserem Gleichnis.
Gott schuf den Menschen in seinem Ebenbild, im Ebenbild Gottes schuf er ihn; männlich und weiblich schuf er sie.

Gen 1,26f

Ein Mensch wird gebracht – wie alle Menschen ‚gebracht' worden sind auf diese Erde.
So zeigt es Chagall: Ein *Bote Gottes* bringt den noch bewusstlosen Menschen aus den hellen oberen Räumen hinab, über den Bildrand hinaus, ins Ungewisse einer Zukunft. Keiner ist je gefragt worden, ob er überhaupt gebracht werden wollte, von welchen Eltern; in welches Land oder in welche Zeit. Wir nennen das unser Schicksal – ‚geschickt' von Gott.
Im oberen Bildraum *das Licht*: Andeutung einer Kreisform und strahlendes Gelb, nur zum Teil zu sehen, göttlicher Lichtraum, noch über das Bild hinaus, unermesslich für uns.
Vollständig aber der *Name Gottes* יהוה, das Versprechen:
„*Jhwh* – Ich bin bei euch für immer, für ewig: Ewiger".
Von dem Licht liegt etwas auf dem einen Flügel des Boten und etwas auf dem ockergelb-irden getönten Menschen. Irdisch sind wir und werden wieder zu Erde werden. Aber Anteil haben wir an Gott – „geschaffen in seinem Ebenbild, in seinem Gleichnis", als Sein Schattenriß.
Chagall macht beide Seiten, weibliche Formen und männliches Genitale, in dem einen Menschen deutlich, wie er es in der Bibel findet. „Männlich und weiblich schuf er sie", wörtlich: ‚mit bohrenden und bergenden Anteilen': Mit bohrenden Fragen und Instrumenten durchdringt der Mensch die Welt, und muss doch immer wieder Geborgenheit finden.
Eine Geschichte.
Die Engel um Gott hatten Sorge: Und wenn dieses dein wunderbarstes Geschöpf seinen göttlichen Anteil vergisst, nicht Ebenbild sein will? Wenn es deine Schöpfung nicht pflegt, sondern zerstört: ein Bruder den andern tötet, Habgier und Hass für Menschen und Geschöpfe Leid bringen? Wenn Menschen in solche Not und Verzweiflung kommen, dass die Welt nur noch dunkel erscheint, woher sollen sie Hilfe bekommen, woran sollen sie sich orientieren?
Wie eine Antwort darauf hat Chagall drei mit seiner eigenen Erfahrung verbundene biblische Zeichen in das Bild gesetzt:
Wenn die Mutter am Sabbattisch die Kerzen entzündete, erinnerte sie alle an das *Licht um Gott*.
Wenn der Vater den Segen sprach, war der *Name des Ewigen*, Sein Versprechen, gegenwärtig.
Und eine Mutter war wie eine *Botin*, durch die Gott den Menschen auf diese Erde schickte.

יהוה

Da sah Jhwh *der* Ewige, *dass auf der Erde die Schlechtigkeit des Menschen zunahm und dass alle Gedanken seines Herzens den ganzen Tag nur böse waren.*
Da reute es Jhwh *den* Ewigen, *auf der Erde den Menschen gemacht zu haben, und es tat ihm in seinem Herzen weh. Der* Ewige *sprach: Ich will den Menschen, den ich erschaffen habe, vom Erdboden vertilgen, den Menschen, das Vieh, das Gewürm, die Vögel, denn es reut mich, sie gemacht zu haben. Nur Noa fand Gnade in den Augen* Jhwhs …
Noa war ein gerechter, untadeliger Mann unter seinen Zeitgenossen; er ging seinen Weg mit Gott.
Gott sprach zu Noa: Mach dir eine Arche.

Gen 6,5-7,13

Eine fast zweitausendjährige Bildtradition zum Thema Noa ließ den Betrachter von außen auf die Arche schauen. Immer schwamm sie als Kasten in der Ferne auf den Wassern. Endlos waren die Spekulationen und Forschungen über die Angaben in der Bibel, stets aus skeptischer Distanz.
Und nun bittet Chagall mit diesem Interieur-Bild den Betrachter hereinzukommen. Er konzentriert das Bildgeschehen auf einen kleinen Innenraum, in dem sich Überlebende einer Weltkatastrophe zusammendrängen.
Trotz der Enge beugt sich niemand aus dem nach innen geöffneten Fenster hinaus: Da draußen ist nichts mehr zu sehen nach 40 Tagen Sintflut-Regen und Überschwemmung der gesamten Erde durch Wassermassen. Niemand weiß, wohin es einen noch treibt. Wie lange hält einer das aus? Was lässt sich jetzt noch tun?
Noas durch Größe betonte und mit ‚göttlichem' Goldgelb als „gerecht und untadelig" charakterisierte Gestalt steht am Eingang zum Bild. Eine Ziege, im Grün des Lebendigen, schmiegt sich an ihn, er krault sie mit seiner linken Hand und erweckt in ihr, wie das Auge erkennen lässt, einen Ausdruck ruhigen Vertrauens. Ein Hahn schaut zu Noa auf, als warte er auf das gewohnte Futter.
Neben Noa steht eine Frau. Sie hält ihr Kind im Arm, an ihrer Brust. Sie krallt sich in das Kinderköpfchen, das die Brust nicht nimmt, ja, das fast kalkweiß, wie ein ersterbendes Kind gezeichnet ist.
Mit diesen Zeichen lässt Chagall den hereingebetenen Betrachter teilhaben an der Frage der Archenbewohner:
Und wenn das Kind stirbt? Das Kind steht als letztes Hoffnungszeichen dafür, dass es weitergehen könnte – vielleicht.
Aber, bis wann …?
Eine Taube ist noch da. Könnte sie Nachricht von draußen holen? Noa trennt sich von ihr. Ist es der Schmerz dieses Entschlusses, den Chagall mit der nach außen überbogenen rechten Hand zum Ausdruck bringt? Die letzte ihm verbliebene Möglichkeit: „Wer weiß? Vielleicht …!"
Welchen von Kindheit auf gemachten Erfahrungen von ‚Eingeschlossensein', von Überlebenswundern seines Volkes mag Chagall mit diesem Bildentwurf Ausdruck verliehen haben!
Und schließlich wird der Blick des Betrachters immer wieder zu diesem Gesicht und Blick des Noa gehen, der in unfassbarem Vertrauen durch die Bretter der Arche hindurch wie im Gespräch mit dem Herrn der Welt bleibt.

20/100 M. Ch.

Gott redete zu Noa: Komm heraus aus der Arche. Bring mit dir alle Tiere heraus; sie sollen fruchtbar sein und sich auf der Erde vermehren.
Und J*HWH der* E*WIGE sprach: Solange die Erde steht, soll nicht aufhören Saat und Ernte, Frost und Hitze, Sommer und Winter, Tag und Nacht.*
Und Gott sprach: dies ist das Zeichen des Bundes, den ich stifte zwischen mir und euch und allen lebendigen Wesen bei euch:
Meinen Bogen setze ich in die Wolken, er soll das Bundeszeichen sein zwischen mir und der Erde.
Gen 8, 15-17,22; 9,12f

Strahlend weiß steht der Bogen über dem Bild.
Darüber und dahinter ein schwarz gezeichneter Raum. Unter ihm kaum zu erkennende Reste einer verwüsteten Erde. Halb, wie aus Wassermassen aufgetaucht, lässt sich ein Gebäude erkennen – oder ist es die Arche? Aber an dem Busch rechts und den beiden Tieren links ist erkennbar, dass Lebendiges sich wieder regt.
Noa, an der Bildbasis, lässt mit seiner erregten Geste des Erstaunens an ein Kind denken, das zum ersten Mal den Bogen in den Wolken sieht, voller Staunen und Freude über dieses Wunder.
Grün beginnt die Erde unter Noa wieder zu werden, und nach oben zu hat Chagall die Blaufarbe des Himmels gemalt.
Auch mit dem zweiten leuchtend hervortretenden Goldgelb-Akzent weist Chagall auf das Wunder hin, das noch hinter der Naturerscheinung des Regenbogens steht:
Nicht vom ‚Regenbogen' spricht die Schrift, sondern vom ‚Bogen des Bundes' – *„Meinen Bogen setze ich in die Wolken, er soll das Bundeszeichen sein zwischen mir und der Erde. Nie wieder, solange die Erde steht, soll eine Flut kommen und die Erde verderben."*
Der da zu Noa spricht, ist wie oft bei Chagall mit Flügeln dargestellt, weil Chagall die tiefe Weisheit des biblischen Bilderverbots in sich aufgenommen hat: „Du sollst dir kein Vergleichsbild von Gott machen." Und so macht er den biblischen Hinweis auf Gott kenntlich, entweder, indem er seinen Namen JHWH schreibt oder ihn, wie andere Schriftlehrer auch, als „Boten Gottes", eben mit Flügeln, umschreibt. Noa, vom Goldgelb des göttlichen Engels berührt, empfängt hier die erste Bundesverheißung Gottes, die der ganzen Menschheit und Schöpfung gilt.
Die zweite wird an Abraham ergehen. Die dritte schließlich an Mose und das ganze Volk am Sinai für alle Zeiten.
In der Fortsetzung des Bibeltextes heißt es:
Wenn ich den Bogen sehe, will ich an meinen Bund denken – allem Bösen zum Trotz, was aus ungezähmten Menschenherzen hervorbricht und Leid anrichtet in meiner Schöpfung. Bei dem einzelnen Menschen werde ich zwar seine Taten ahnden, er soll die Folgen tragen. Aber nicht alle Menschen und nicht die Erde sollen darunter leiden.

20/100

JHWH der EWIGE hatte zu sich gesprochen:
Soll ich Abraham verheimlichen, was ich vorhabe?
Durch ihn sollen alle Völker der Erde Segen erlangen. Ich habe ihn dazu auserwählt, dass er seinen Nachkommen aufträgt, zutun, was gut und recht ist.
Der EWIGE sprach:
Das Klagegeschrei über Sodom, ja, es ist laut geworden. Ich will hinabgehen und sehen – haben sie dem Klageschrei entsprechend getan: Vertilgung! Wenn nicht, will ich ein Einsehen haben.
Nun trat Abraham vor und sprach: Willst du auch den Gerechten mit dem Gottlosen wegraffen? Das sei ferne von dir, etwas derartiges zu tun! Der Richter über die ganze Erde sollte sich nicht an das Recht halten?

Gen 18, 17-21,23-33
(vgl. Gen 18,1-16)

Abraham geleitet seine Gäste nach dem Mahl, bei dem ihm und Sara „übers Jahr" ein Nachkomme angekündigt wurde, ein Stück. Sie kommen an den Steilabfall zum Toten Meer, und ganz winzig hat Chagall in der Tiefe Sodom mit Häusern und Zypressen dazwischen gezeichnet.
An diesem Steilabhang lässt Chagall das Gespräch stattfinden, das die Maße des Erwarteten sprengt.
Der EWIGE, mit der Goldfarbe gekennzeichnet, zeigt hinunter auf die Frevelstadt, von der täglich das Geschrei der Gequälten zum Himmel aufsteigt: „Wenn es sich so verhält: Auslöschung aus meiner Schöpfung!"
Abraham „tritt vor" und erinnert den Herrn der Welt an die Pflicht zum Rechttun(!) In der hebräischen Bibel gibt es zu diesem Text Zeichen, die sagen sollen: Wenn dieses nicht in der Heiligen Schrift geschrieben stünde, dürfte man es nicht aussprechen. Chagall scheint diesen Hinweis der Schriftlehrer aufzunehmen, indem er Abraham nicht nur an den Steilabfall d. h. in die Absturzgefahr stellt, sondern ihn zusätzlich von den Dienstengeln gestützt werden lässt.
Die ganze Stadt auslöschen? Es könnten doch Menschen darin sein, die sich aus Liebe zu Dir an das Recht halten!
Die Unrechttäter auslöschen? Weisst DU da oben, wie schwer Leben auf dieser Erde ist? Aber ich weiß es aus fast einhundert Jahren hier unten! Zu wenige Gerechte dort unten? Aber es ist nicht so leicht, gegen den Strom zu schwimmen, gegen das mehrheitlich praktizierte Unrecht für das Recht einzutreten. DU hast eine wunderbare Schöpfung hervorgebracht. Aber wie soll sie zu ihrer Vollendung kommen? Lass uns im Gespräch bleiben. Vielleicht glückt es dann!
Und Gott hört zu. Gott stimmt Abraham Frage für Frage zu. Erst dann bricht er das Gespräch ab.
Man kann die Abraham-Geschichten als Legenden lesen, im besten Sinne des Wortes „legendum est": was man unbedingt gelesen haben muss, um überleben zu können. So sieht Israel sich in Abraham verkörpert: Gott fürchten heißt auch: fürchten, dass Gott wegen der vielen Gewalttat in seiner Schöpfung – wie einst bei Noa – aufgeben könnte. Wenn er aber auf uns sieht: Vielleicht könnte hin und wieder Seine Hoffnung gestärkt werden.
Die Flügel um Abrahams Kopf bilden einen hellen Schein: dies ist ein Partner für den EWIGEN, wie er ihn dringend braucht.

20/100
M. Ch

Gott versuchte Abraham und sprach zu ihm: Abraham!
Und er antwortete: Hier bin ich!
Und er sprach: Nimm doch deinen Sohn, deinen Einzigen, den du liebst, den Isaak und geh hin zum Lande Morija und bringe ihn dort zum Ganzopfer.
Abraham stand des morgens früh auf, sattelte seinen Esel, und nahm mit sich Isaak, seinen Sohn …
Isaak sprach zu Abraham seinem Vater: Wo ist das Lamm zum Ganzopfer? Er sprach: Gott wird sich ersehen ein Lamm …
So kamen sie an den Ort, den Gott ihm gesagt hatte.
Abraham baute einen Altar und band seinen Sohn Isaak und legte ihn auf den Altar und streckte seine Hand aus und nahm das Messer, um seinen Sohn zu schlachten!
Da rief JHWHs Bote ihm vom Himmel aus zu: Lege deine Hand nicht an den Knaben, denn jetzt weiß ich, dass du Gottes fürchtig bist.
Gen 22, 1-3,7-12

Ein Bild liegt vor uns, das mancher wohl gern schnell überblättert; manch anderer lässt seinen Vorurteilen über einen grausamen Gott und einen kadavergehorsamen Vater ungehemmten Lauf. Und wieder andere möchten beruhigen, indem sie erklären: Abraham sei vielleicht noch geprägt von seiner Umgebung mit dem Brauch des Kinderopfers. Aber diese Geschichte zeige – rein theoretisch! –, dass der Gott Israels Menschenopfer abgeschafft hat.
Chagalls Bild führt anderswohin.
Abraham und Isaak, der Steinaltar und die Hölzer, der Strauch und der Widder und auch der Bote – alles aus der biblischen Geschichte ist da, nichts ist hinzugefügt. Nur ist es kein Historienbild. Chagall will *„eine vierte, eine fünfte, ein psychische Dimension" „konstruieren"*.
Wie kann man den Ausdruck dieses Gesichtes, dieser Kopfhaltung Abrahams in Worten wiedergeben? „Deinen Sohn, deinen Einzigen, den du liebst" soll er Gott hergeben?
Von seiner Vergangenheit mit Heimat und Vaterhaus hat er sich getrennt. Nun soll er sich auch – das Messer in der Hand! – von dem trennen, mit dem die durch ihn „zum Segen für viele Völker" begonnene Vertrauens- und Segensgeschichte ihre Fortsetzung finden könnte?
Was sagt der gefesselte einwilligende Körper Isaaks, über dessen jugendlich fleischfarbenen Körper ein Goldglanz ‚gehaucht' ist?
Und wie furchtbar, fast gespenstig undurchdringlich, ohne Antwort auf jede Frage nach dem Sinn, ist das Gesicht dieses Engels gezeichnet, der über den oberen Bildrand auf Abraham zu- oder über ihn hinwegfliegt und doch in der Blaufarbe wie das Messer Abrahams.
„Legendum est – unbedingt zu lesen". Gen 22 ist Teil des Morgengebets im jüdischen Gebetbuch:
Wie Abraham Isaak, den Einzigen, gebunden hat, so binden wir unsere Kinder in die Gottestradition von Abraham und vom Sinai her ein. An jedem Morgen wissen wir uns mit Isaak auf den Altar gelegt und wissen noch nicht, ob wir herunter genommen werden. Der Himmel kann undurchdringlich verschlossen bleiben.
Aber das Vertrauen zu JHWH, dem mitgehenden Gott, unserem Vater im Himmel, dessen Namen wir mit unserem Tod heiligen, ist die sich in die Realität eindrängende ‚andere Wirklichkeit', die eben durch uns als ihre Zeugen da ist.

20/100
M. Ch.

Isaak segnete seinen Sohn und sprach:
Gott gebe dir vom Tau des Himmels, vom Fett der Erde, viel Korn und Most!
Völker sollen dir dienen, Herr sollst du sein über deine Brüder.
Verflucht, wer dich verflucht! Gesegnet, wer dich segnet!
Gen 28f (vgl. Gen 27,1-29)

Abstoßende und anziehende Geschichte von betrügerischer List und von Durchsetzungsvermögen zur Erreichung des Ziels.
Isaak, der Patriarch, segnet. Chagall zeichnet ihn, umfangen von dem großen Bett, als alten Mann, wie ja Isaak auch selbst das Ende seiner Tage nahen fühlt. Und deutlich erscheint er in leichtem Goldgelb als der schon selbst Gesegnete. Aber jeder Betrachter des Bildes kann an den Händen erkennen, dass Isaak auch blind ist: unsicher formen die alten weißen Hände den Segensgestus annähernd über dem Kopf des Sohnes.
Und der Vater ahnt nicht, dass es gar nicht Esau, sein Ältester ist, dem er hier den Erstgeborenen-Segen zuspricht.
Jakob hatte in Absprache mit seiner Mutter Rebekka die Chance genutzt: Während Esau auf Wunsch des Vaters irgendwo in der Weite nach einem Stück Wild für das Segens-Mahl sucht, hat Jakob ein Böckchen der Herde geschlachtet. Rebekka bereitet es zu mit Gewürzen und Wildkräutern und gibt es Jakob für den Vater. „Da, mein Vater, ich habe dir ein Stück Wild geschossen und dir das Essen zubereitet, damit Du mich danach segnest." – „Wer bist du denn, mein Sohn? Die Stimme ist doch die von Jakob." – „Nein, ich bin Esau, und habe getan nach deinem Wunsch." – „Komm, mein Sohn, dass ich dich umarme und deinen Duft atme." – Jakob hatte die zweiten Jagdkleider Esaus umgelegt, so dass Isaaks Geruchssinn überlistet wurde. – „Lass dich betasten, mein Sohn." – Der blinde Alte ertastet die behaarten Arme Esaus! – Der glatte Jakob hatte sich die Felle des gerade geschlachteten Lammes umgebunden. – „Lass mich kosten von dem Essen." – Und da, es schmeckt nach Wild.
Die Augen Isaaks sind blind, drei seiner weiteren Sinne sind erfolgreich getäuscht. Nur die Ohren sind wach und warnen. Schließlich nimmt der Alte seine Vernunft zu Hilfe: „Aber – du brauchst doch sonst fast einen Tag, um ein Stück Wild zu finden und zu erlegen und bist doch grad erst gegangen!" Auf die Antwort Jakobs „Jhwh, dein Gott hat mir's beschert." verstummt der Zweifel. Und Isaak segnet den vor ihm Knienden.
Chagall belegt diesen listigen Betrüger mit vielfarbig schillernden Tönen.
Im Hintergrund ist Rebekka in lauernder Haltung hinter den Tisch geduckt: Wird alles glücken, ihr Sohn geschickt sein?

20/100
M. Ch.

Esau war dem Jakob feind wegen des Segens und sprach: Ich werde meinen Bruder umbringen.
Seine Mutter Rebekka rät ihm zu fliehen.
Die Nacht überfällt ihn in der Wüste. Er richtet sich einen Stein her und legt sich zum Schlaf nieder.
Und ihm träumte: Da, eine Leiter, gestellt auf die Erde, ihre Spitze reichte an den Himmel, und da, Boten Gottes stiegen an ihr auf und nieder. Oben stand JHWH und sprach:
Ich JHWH bin's, der Gott deines Vaters Abraham und der Gott Isaaks. Das Land, auf dem du liegst, will ich dir und deinen Nachkommen geben
Und siehe, ich bin mit dir und werde dich behüten, wo hin du auch gehst.

Gen 27,41; 28, 10-13
(Vgl. Gen 25,10-34; 27,1-46; 28,10-22)

Ein Vorhang wird auseinandergezogen, und dem Schläfer wird ein Blick in die ‚andere Welt' gewährt:
Die Erde ist mit dem Himmel verbunden! Nicht nur durch eine starre Leiter, sondern auch lebendige Boten Gottes steigen an ihr auf und nieder. Ganz oben Er selbst, JHWH EWIGER, und er sagt: „Ich werde mit dir gehen."
Warum malt Chagall den Schläfer abgewandt? Könnte Jakob sich einen schöneren Traum wünschen? Dieser Jakob in Todesangst vor der Rache seines Bruders? Ehrgeiz, List, vierfache Lüge dem alten blinden Vater gegenüber haben Jakob in den Besitz von Erstgeborenen-Recht und -Segen gebracht, die seinem Bruder Esau von Geburt her zustanden.
Aber nun? Wer will mit einem solchen Menschen noch zu tun haben? Alle familiären, moralischen, religiösen Bindungen hat er zerstört. Nun ist er draußen, in der Wüste, vereinsamt, ein Aussteiger. Kann ein solcher Mensch glauben, dass Gott trotzdem noch mit ihm gehen will?
Chagall hat hier ausnahmsweise eine Gestalt zur biblischen Geschichte hinzugesetzt. Von außen, von oben kommt einer, der in Gewand und Bart, wie ein ‚dunkler Bruder', Ähnlichkeit mit Jakob hat. Eine Hand streckt er nach dem Kopf des Schläfers aus, mit der anderen zeigt er auf die Traumleiter: „Schau doch mal! Lass es dir doch sagen! Gib dich noch nicht auf, tu den nächsten Schritt! Vielleicht ..."
Mit einem fluoreszierenden, oszillierenden Grün ist Jakob überspielt, von dem auch etwas auf dem Flügel des unteren, Jakob zugewandten Engels zu erkennen ist. Mag sein, ein von Chagall gesetztes Zeichen, wie Jakob im Traum in die Sphäre der Heiligkeit Gottes gerät.
Diese Geschichte hat Chagall geholfen, aus seinem amerikanischen Exil nach Europa zurückzukehren, wo Menschen versucht hatten, sein jüdisches Volk auszulöschen. Er hat diesen Jakob wieder und wieder gemalt aus dem Wissen heraus:
Wenn Gott mit einem solchen Menschen wie dem Jakob weiter mitgeht – sollte ich dann wählerischer sein als Gott? Vielleicht braucht man mich gerade dort in Europa.

יהיה
20/100

Jakob machte sich auf und zog weiter ins Land der Söhne des Ostens. Eines Tages sah er einen Brunnen auf freiem Feld. Dort lagerten Herden von Schafen. Die Hirten sagten ihm, sie seien aus Haran. Er fragte: Kennt ihr Laban, den Sohn Nahors? Sie sagten: Es geht ihm gut, aber da kommt ja seine Tochter Rahel mit der Herde.
Sowie nun Jakob Rahel sah, trat er herzu, er wälzte den Stein von dem Brunnen und tränkte die Schafe Labans.
Dann küsste Jakob Rahel und begann laut zu weinen.
Jakob sagte zu Rahel, daß er ein Neffe ihres Vaters und der Sohn Rebekkas sei.
Sie aber lief und sagte es ihrem Vater an.

Gen 29,1,2,4-6,9-12

Ungeschützt durch irgendeinen Halt von Haus, Baum oder Menschen begegnen sich hier zwei und machen die Schreckenserfahrung der Liebe, allein zwischen Himmel und Erde.
Groß, in sich ruhend, von dunklem Gewand umhüllt, geheimnisvoll Rahel.
Jakob hell, ihr zugeneigt. Seine Bewegung geht auch auf Rahel über, wie ihr leicht nach links aus der Senkrechten geratener Körper zeigt. Ihre seelische Erschütterung ist durch ihre aufs Herz gelegte Hand zu erkennen.
Jakobs Rechte umfängt ihre Schulter behutsam, ihr das Gleichgewicht ermöglichend, während sein zweiter Arm in intimer Zuwendungsgeste angedeutet ist.
Für diese werbenden Gesten des Mannes schafft Chagall auch durch die Farbgebung eine Entsprechung: Das Rot-Violett von Jakobs Seite her beginnt langsam das Grün Rahels zu überziehen. Dieses Grün ist als Farbe für ihre bisherige Hirtenwelt gewählt, wie es im unteren Bildteil sich über Pflanzen und über das Lämmchen rechts noch hinzieht.
Die Augen der Frau über einem aus innerster Bewegung geöffneten Mund sind in weite Fernen gerichtet.
Und auch die Augen des Mannes schauen, als täte sich die Weite der Welt der Liebe für ihn auf.
Dass Chagall neben den großen lebenspendenden Brunnen auf der rechten Seite, zusätzlich einen Krug mit seiner Öffnung und einen zarten Blütenzweig links neben Rahel setzt, gibt der Bildaussage einen zusätzlichen Akzent.
„... Ihr Schweigen ist mein Schweigen. Ihre Augen sind meine Augen. Es ist, als ob sie mich schon lange gekannt hätte, als ob sie alles wüsste über meine Kindheit, meine Gegenwart, meine Zukunft; als ob sie mich durchschaute, mein Innerstes erriete, wenn ich sie auch zum ersten Male sehe.
Ich fühlte, das hier ist meine Frau. Ihr blasser Teint, ihre Augen. Wie groß, rund und schwarz sie sind! Es sind meine Augen, meine Seele.
Ich bin in ein neues Haus getreten, für immer."

20/100

Jakob hat bei seiner Flucht vor dem Neid Labans (Vgl. Gen 29,15-31,18) in der Nacht vor dem Grenzübergang zum Gebiet seines Bruders Esau eine einsame Begegnung:
Da rang ein Mann mit ihm, bis die Morgenröte aufstieg. Als der sah, dass er ihm nicht beikommen konnte, stieß er ihm in die Hüfte, und sie verrenkte sich bei seinem Ringen mit ihm.
Der Mann sagte: Lass mich los, denn die Morgenröte ist aufgestiegen.
Jakob aber sprach: Ich lasse dich nicht los, wenn du mich nicht segnest.
Jener fragte: Wie heißt du? Jakob, antwortete er.
Da sprach der Mann: Nicht mehr Jakob wird man dich nennen, sondern Israel, denn mit Gott und Menschen hast du gestritten und hast gewonnen.
Dann segnete er ihn dort.
Gen 32, 25-30

Kaum jemand wird dieses Bild betrachten können, ohne den Atem anzuhalten.
Chagall lässt den Betrachter geradezu Augenzeuge eines Überfalls werden. Fern jeder menschlichen Behausung, in der Einsamkeit von Nacht und Wüste, bricht über die Bildränder etwas Ungeheures herein: eine fast unförmige Gestalt, durch die Engelflügel als nicht zur Menschenwelt gehörig bezeichnet.
Jakobs Widerstand gegen den ihn weit überragenden Unheimlichen scheint von Beginn an sinnlos.
Wie sehr er sich auch mit dem einen Bein entgegen stemmt, scheint er doch bereits überrannt zu sein. Sein Oberkörper und sein Umhang werden nach hinten gedrückt, sein zweites Bein scheint schon seinen Halt mit dem Boden verloren zu haben. Ja es sieht so aus, als drückte der andere mit seinem gewaltigen Schenkel Jakobs Bein aus dem Hüftgelenk heraus.
Und trotzdem streckt der seinen Arm dem Übermächtigen entgegen: Hält er sich an dem Gegner fest, oder ist es Zeichen dafür, dass Jakob noch nicht aufgeben will?
Schrecklich blickt der Nächtliche über Jakob hinweg in eine Ferne, als interessiere ihn diese kleine menschliche Nichtigkeit kaum. Und doch ist um seinen Mund ein Zug des Schmerzes. Ja er ist es, der Jakob schließlich bittet: „Lass mich los!“
Jakobs Gesichtsausdruck mag das ungläubige Erstaunen spiegeln, dass gerade dieser eine Bitte an ihn, den schon fast Unterlegenen, richtet.
Chagall kennzeichnet den Nachtgegner durch die gelbe Farbe als einen Boten aus der ‚anderen Welt‘. Und der spricht Jakob, dessen verletzte Hüfte rot hervorgehoben ist, den weltgeschichtlich wirkenden Segen aus: „Du sollst hinfort nicht mehr Jakob heißen, sondern Israel, denn du hast mit Menschen und mit göttlichen Mächten gerungen und nicht aufgegeben.“

20/100

Ehe Josef nahe herangekommen war, beschlossen seine Brüder, ihn umzubringen.
Sie zogen ihm seinen Ärmelrock aus, packten ihn und warfen ihn in eine Zisterne.
Als sie beim Essen saßen, sahen sie eine Karawane vorüberziehen.
Da zogen sie Josef aus der Zisterne heraus und verkauften ihn an die Ismaeliter. Diese brachten Josef nach Ägypten.
Dann nahmen die Brüder Josefs Gewand, schlachteten einen Ziegenbock und tauchten das Gewand in das Blut. Sie schickten den Ärmelrock zu seinem Vater und ließen ihm sagen: Das haben wir gefunden.
Als er ihn angesehen hatte, sagte er: Der Rock meines Sohnes! Ein wildes Tier hat ihn zerrissen. Zerrissen ist Josef.

Gen 37,18-25,28,31-33
(Vgl. Gen 37,5-36, 44,18-36)

Alles war unter den Brüdern schnell gegangen.
Aber der Kummer ihres Vaters Jakob, den dieses Bild einfängt, sollte zweiundzwanzig Jahre dauern – und ihre Angst vor Entdeckung auch.
Der Hoffnungssohn Jakobs ist nicht mehr: Josef, der Erstgeborene von seiner Lieblingsfrau Rahel, für den Jakob einen besonderen Rock hatte arbeiten lassen.
Das alles schon war nicht gut für das Selbstbewusstsein der anderen Söhne. Hinzu kam, dass Josef solch besondere Träume hatte, die ihn in einer Fürstenrolle zeigten. Sein Vater hatte sie nie vergessen, nur eben auch die Brüder nicht.
Dann plötzlich ergab sich die Gelegenheit, ihn aus ihrer Welt zu schaffen. Weit fort im fernen Gebirge Dotan weideten sie die Herden. Vom Vater geschickt, fragt Josef sich zu ihnen durch. Und da sehen sie ihn ganz allein kommen. Vom ersten Gedanken „Könnten wir nicht ...?", kommt es ganz schnell zur Tat. „Ab in ein Brunnenloch der Bergwüste! – Wir wissen von nichts." Sklavenhändler ziehen vorüber. Juda interveniert: „Wir können unseren Bruder in dem Loch nicht sterben lassen. Verkaufen wir ihn an die Händler, dann haben wir ihn auch fort aus unserer Welt."
Seinen schönen Rock wälzen sie im Blut eines schnell geschlachteten Bocks. Einige bringen ihn zum Vater. „Wir fanden das im Felde. Ist das nicht Josefs Rock?"
Vier der Abgesandten umstehen ihren Vater auf Chagalls Bild. Im Zentrum des Bildes die Schmerzensgeste Jakobs: „Ein wildes Tier hat ihn zerrissen. Zerrissen ist Josef!"
Was geht in einem Vater vor, wenn er erleben muss, dass ein Sohn, ein hoffnungsvoller, früher stirbt als er selbst?! Was lässt Chagall den Betrachter des Bildes ahnen, wenn er die vier Brüder in Gestik und Mimik zeigt! Winzige Köpfe gegen das Schicksalshaupt ihres Vaters! Sollte dieser Vater seine Söhne nicht kennen? Sollte er dem Rock nicht ansehen, dass der keine Spuren eines Kampfes trägt?
Ein gebrochener Mann, wie Chagall durch die anatomisch unmögliche Position des Kopfes in diesem Körper zeigt. In der einen Hand die Erinnerung an Josef, mit der anderen am Kopf um Verstand ringend.
Aber die Gelbfarbe zeigt ihn unter dem Hoffnungslicht des Himmels, und das Blau auf Josefs ‚Blut-Rock' ist wie ein Zeichen des Darüberhinaus: dass es weitergehen wird.

20/100
M. Ch.

Pharao ließ Josef holen. Der deutete ihm die Träume von den sieben Kühen und den sieben Ähren, wo die fetten die mageren fraßen, (Vgl. Gen 41,1-47).
Dass Gott dir zwei Träume gezeigt hat, heißt, die Sache ist dringend.
Nun sehe sich Pharao nach einem klugen, weisen Mann um und setze ihn über Ägypten, dass er sieben Jahre lang Korn sammle, damit für die kommenden sieben Jahre genug vorhanden ist.
Die Rede gefiel Pharao. Und er sprach: Finden wir wohl einen Mann wie diesen, in dem der Geist Gottes wohnt? Du sollst über meinem Hause stehen. Nach deinen Anordnungen soll mein Volk versorgt werden. Nur um den Thron will ich höher sein als du.
Gen 41,14,25-40

In der Bilddiagonale links oben der große König, der „Herr der Welt“, rechts unten der junge Josef.
Die gewichtige Gestalt des Pharao auf seinem Thronsessel ist von Chagall – mit Ausnahme von Krone und Koller – ohne Herrscherattribute gemalt. Auch in der Farbgebung nimmt Chagall kein königliches Purpurrot. Mit dem tiefen Grün mag er ihn als den kennzeichnen, dessen fruchtbares Land „Kornkammer der Welt“ genannt wird. Das königliche Goldgelb auf Händen und Gesicht hebt anderes hervor: Es ist der „gute Pharao“ der biblischen Erzählung. Die Handbewegung gesteht, frei von jedem Überlegenheitsdünkel eines Herrschers, Ratlosigkeit ein. Das Gesicht, mit Sorgenfalten auf der Stirn und geschlossenen Augen, hängt Träumen nach, die Schlimmes ahnen lassen, die nicht wieder verlöschen – wie Chagall das rechts neben dem König im hellen Feld mit den Kühen und mit dem Grün der Ähren andeutet.
Merkwürdige Bilder: Mageres verschlingt das Fette.
Als keiner seiner beamteten und lange bewährten Weisen ihm eine hilfreiche Deutung geben kann, ist sich dieser König nicht zu schade, einen ins Gefängnis geworfenen Sklaven kommen zu lassen.
So steht diese Wenigkeit des Josef vor dem König Ägyptens. In der unteren Position, gar nicht ganz in das Bild hereingenommen. Jünglingshaft, die Wangen leicht gerötet, scheint sein Auge nicht aufzublicken zum Herrscher, der ihn um Rat fragt, sondern über ihn hin zu dem, den er hilfreich über sich selbst und über dem König weiß.
Seine Hand aber zeigt den Gegensatz zu den Händen des Königs. Sie zeigt nach oben, von leichtem Gelb beschienen.
„Nicht ich, sondern Gott wird zum Wohle des Pharao eine Antwort geben können.“

20/100

M. Ch

Eine Hungersnot kam über die ganze Erde. Jakob schickte seine Söhne nach Ägypten, um Essbares zu kaufen. (Vgl. Gen Kap 42-44). Josef erblickt sie, sie aber erkennen ihn nicht.
Schließlich gab Josef sich seinen Brüdern zu erkennen:
Ich bin Josef! Lebt mein Vater noch? Kommt doch heran zu mir!
Seine Brüder waren zu keiner Antwort fähig, sie standen fassungslos vor ihm.
Josef sprach: Ich bin Josef, euer Bruder, den ihr nach Ägypten verkauft habt. Jetzt aber lasst es euch nicht mehr leid sein und grämt euch nicht, weil ihr mich hierher verkauft habt! Denn um Leben zu erhalten, hat Gott mich vor euch her geschickt.
Gen 42,1-3,7 f; 45,3-7

In hellfarbigem Gewand mit Turban steht Josef, der Vizekönig, im Zentrum des Bildes – vor seinem Fürstenthron, der in der Vorarbeit zu diesem Bild deutlich durch einen Purpur-Vorhang herausgehoben war.
Mit ins Zentrum genommen hat Chagall Benjamin, den leiblichen Bruder Josefs, der wie Josef selbst von Wiedersehensfreude übermannt wird. Ihm scheinen seine Knie den Dienst zu versagen. Josefs Augen deuten seine innere Bewegung an.
Rechts und links von ihm knien oder stehen acht seiner anderen Brüder in dunkler, wenig differenzierter Kleidung. Trotz Josefs Ermunterung „Kommt näher heran!" bleiben sie in ängstlichem Abstand.
Unübersehbar ist, wie Chagall die Gesten und Mienen jedes einzelnen ganz individuell ausgearbeitet hat: Angst, Weinen, Geste der Hilflosigkeit, sich in das Unvermeidliche fügen, sich Vorwürfe machen, Schlimmes erwarten, Hände hoffnungsvoll ringen, sich auf einen Stab stützen – so oder vielfach anders könnten die seelischen Bewegungen der Brüder auf diesem Bild beschrieben werden.
Im Bildaufbau hat Chagall das obere Drittel durch drei nebeneinander stehende rechteckige Flächen gegliedert.
Links eine feste und hohe Wand mit einer schwarzen Öffnung, vielleicht Eingang zu den Korn-Vorratskammern. In der Mitte der Fürstenthron Josefs, und rechts läßt Chagall den Blick in die Freiheit der Wüste gehen.
Chagall hat oft ausgesprochen: *„Ich möchte mit meinen Bildern eine psychische Dimension sichtbar machen." „Unsere ganze Innenwelt ist Realität, vielleicht realer als die handgreifliche Welt."*
So lässt sich die Öffnung in der Wand zwar auf den ersten Blick wie oben beschreiben. Aber vielleicht erinnert sie die Brüder an das „schwarze Loch" jener Zisterne, in die sie Josef einst geworfen hatten. Jedenfalls sagen sie: *„Wir sind an unserem Bruder schuldig geworden. Wir haben zugesehen, wie er sich um sein Leben ängstigte. Als er uns um Erbarmen anflehte, haben wir nicht auf ihn gehört."*
Und, wer weiß, ob Josef jetzt nicht auch sie in solch einem schwarzen Loch verschwinden lassen wird. Und die Freiheit der Wüste – vielleicht werden sie sie nie wiedersehen!

20/100

Ein neuer Pharao kam an die Macht. Er gab den Befehl, jeden männlichen Neugeborenen der Nachkommen Jakobs in seinem Lande zu töten. (Vgl. Ex 1).
Ein Mann vom Stamm Levi heiratete eine Frau aus demselben Stamm. Sie wurde schwanger und gebar einen Sohn. Sie verbarg ihn drei Monate.
Als sie ihn nicht mehr verborgen halten konnte, nahm sie ein Kästchen, legte das Kind darein und stellte es im Schilf am Ufer des Nils ab.
Seine Schwester blieb in der Nähe, um zu erfahren, was mit ihm geschehen werde.
Die Tochter Pharaos findet diesen Hebräer-Knaben, rettet ihn gegen den Befehl ihres Vaters, gibt ihm den Namen Mose und zieht ihn wie ihr eigenes Kind auf.
Ex 1,8,22; 2,1-6,10

Eine fast unendliche Weite von Wasser und Himmel suggeriert Chagall in diesem Bild.
Wie von einem Rahmen, gebildet aus Astwerk oben, der Gestalt an der rechten Seite und dem grünen Land unten, ist das freie Zentrum eingefasst. Aber nach links fehlt eine Begrenzung. So entsteht die Befürchtung, das Kind im Körbchen könnte dort hinaus treiben, dem Blau der Wellen und des Himmels ausgeliefert.
Ein ausgesetztes Kind, ein in Liebe ausgesetztes Kind, wie Körbchen und Wickeltücher zeigen. Ein Kind, das eine Mutter vor dem Königsbefehl des Kindermordes schützen will und das sie darum Gott und der Weite seiner Möglichkeiten anvertraut hat. Und diese Möglichkeiten zeigen sich:
Nicht nur, dass das Körbchen einen Schutzraum um das Kind bildet, ein zweiter Kreis ist durch die Schilfbinsen um diese kleine Arche angedeutet. Und auch der Rahmen des Bildes erscheint wie ein Schutzraum:
Welch ein gewaltig ausladender Ast ist von Chagall erfunden, um eine Art Beschütztsein ‚von oben' anzudeuten.
Die Schwester Mirjam, am rechten Rand, lässt das Kind nicht aus den Augen und wird gleich hilfreichen Rat wissen.
Aber vor allem ist es die Prinzessin, die Tochter des furchtbaren Pharao-Vaters, die in einer Bewegung mütterlichen Erbarmens zu dem Kind schaut und die Arme zu ihm ausstreckt.
Chagall hat diese Frau mit hineingenommen in die Farbe Blau, die auf diesem Bild Weite, Ferne, Zukunft bezeichnet. Sie rettet das Kind und mit ihm den künftigen Retter Israels. Sie ist eine der bedeutenden Frauen, die weiblich-autonom gegen den Terror-Befehl des Herrschers handeln und sich damit selbst in Gefahr bringen. *Bat-Jah*, Tochter des Ewigen, hat die spätere biblische Tradition ihr als Namen gegeben.
Gold hat Chagall auf ihren Gewandsaum und ihren Haarreif gelegt. Königstochter. Aber auch Mirjam stammt aus altem Adel der Levi-Familie, und so vergisst Chagall nicht, ihr einen goldenen Armreif anzulegen.

20/100 M. Ch.

Mose weidete Schafe seines Schwiegervaters Jitro in der Steppe und kam zum Gottesberg Horeb.
Dort erschien ihm der Bote JHWHS *in einer Flamme, die aus dem Dornbusch emporschlug. Der Dornbusch brannte im Feuer, aber er wurde nicht verzehrt! Mose sagte: Ich will dorthin gehen und mir diese seltsame Erscheinung ansehen.*
Aber JHWH *der Ewige rief ihn an und sprach:*
Leg deine Schuhe ab, denn der Ort, wo du stehst, ist heiliger Boden. Ich bin der Gott deines Vaters, der Gott Abrahams, Isaaks und Jakobs. Gehe zum Pharao und führe mein Volk aus Ägypten! Ich bin mit dir.
Mein Name ist JHWH EWIGER *– der „Ich-bin-da".*
Ex 3,1-3,5f.,10,12,14f.

Steppe und Himmel und ein paar Schafe.
In das Bild hereinragend *der* Dornbusch. Mögen die roten und gelben Farbflecken aus seinem Geäst den Mose zunächst an Feuer erinnern, so wird durch den mehrfachen Lichtkreis, der in, über oder hinter dem Dornstrauch steht, auf eine ganz andere Flammen-Wirklichkeit hingewiesen.
Einen der bedeutendsten Augenblicke in Religions- und Weltgeschichte beschreibt der Bibeltext mit einfachen Worten.
Und sowohl für die Erscheinung selbst als auch für das „Sehen" des Mose schafft Chagall seine eigene Zeichensprache.
Der Lichtkreis mit dem Gottesnamen darin erweitert sich vom Zentrum aus fast bis an Mose heran in Ringen unterschiedlicher Hell- und Dunkel-Abstufung. Im innersten Kreis dieser Herrlichkeit stehen die vier Buchstaben JHWH, mit denen Gott hier seinen Namen offenbart, der – auf unseren Seiten als EWIGER umschrieben – von ihm selbst als Versprechen zugesagt wird: „Ich-bin-da". Was auch geschieht in Glück oder Leid, an Verständlichem oder Unverständlichem: Ich bin da, ich gehe mit.
Mose, als erster vor diese Eröffnung geraten, die die äußere Welt plötzlich ‚hintergründig' macht, sinkt auf die Knie, greift sich ans Herz. – Aber welches Zeichen kann in einem Bild ausdrücken, dass hier die Wirklichkeit Gottes *wahr*-genommen wird? Chagall gibt zu erkennen: ‚die Augen wurden ihm geöffnet', auf der einen Seite wie in einem Kippbild sogar zu einem dritten Auge.
Aber darüber hinaus, sind sie nicht auf den flammenden Dornbusch, auf den geheimnisvollen Lichtkreis gerichtet. Sie erschauen vorm Feuer des Offenbarungswortes eine ungeahnte, eine umfassende Wirklichkeit. Erst mit ihr im Einklang wird irdische Realität als „Schöpfung" erkennbar, zu deren einst segensreicher Vollendung Mose Auftrag, Gesetz und Volk zugesprochen und auferlegt bekommt.
Unter allen biblischen Bildzeichen im Gesamtwerk Chagalls gibt es keines, das so häufig erscheint wie Mose. Mose mit den Strahlenbündeln, mit den beiden Tafeln, mit einer Torarolle – immer ist Mose Zeichen für den Empfang „absoluter Sinngebung" im jüdisch geprägten Verständnis Chagalls.

20/100

Mose und sein Bruder Aaron, den Gott zu ihm geschickt hatte, kamen zum Pharao und sprachen:
So spricht JHWH, der Gott Israels: Lass mein Volk ziehen, damit sie mir in der Wüste dienen!
Darauf sprach der Pharao:
Wer ist JHWH, dass ich auf ihn hören und Israel ziehen lassen sollte! Ich kenne JHWH nicht, und denke auch nicht daran, Israel ziehen zu lassen.

Ex 5,1f

Das Drama der Mosegeschichte kommt auf seinen politischen Höhepunkt.
Frei im Bildraum stehen Mose und Aaron.
Der Pharao zwar in erhöhter Bildposition über ihnen, aber wie an den Rand gedrängt. Fast püppchenhaft klein erscheint er hinter all den Attributen seiner Macht:
Wie auf einer schiefen Ebene muß man zu ihm hinauf kommen, dann der Teppich, die Thronstufen. Er selbst angetan mit Königsmantel und Brustschild, das Zepter in der Hand, auf dem Haupt die Doppelkrone von Ober- und Unterägypten. Über ihm der Baldachin mit den Schilden, die die Namen aller von ihm unterworfenen Völker tragen. Und um ihn herum seine Berater, Offiziere, Traumdeuter, Weisen.
Machtzentrum der Welt. Verstärkt noch durch den Hintergrund des Bildes, wo möglicherweise Eingänge zu den Pyramiden, den Ewigkeits-Zeichen ägyptischer Größe, zu sehen sind.
Die von Chagall auf König und Baldachin gelegte königliche gelbe Farbe, ist von ihm übermalt worden in ein irdisches Ocker! – Sterblicher Menschenbruder ist dieser König.
Ihm tritt entgegen ein Mann aus der Wüste, nur mit einem von Rotorange-Nuancen changierenden Rock bekleidet, durchglüht von seiner Beauftragung. Er streckt die Hände aus zu der Kundgabe: „So spricht JHWH, der EWIGE, der Gott Israels: Gib mein Volk frei!"
Kann man, darf man so zum „Herrn der Welt" reden? Aaron, den Chagall hier schon mit seinem – von transzendentem Blau überspielten – Priesterornat kenntlich gemacht hat, scheint vor Schreck den Stab fallen zu lassen.
Der Schatten des Mose fällt violett, als hätten sich da die Farben der Gewänder beider Brüder zu ihrer Mischfarbe gebildet, um zu zeigen: Vor dem Pharao sind wir eine Einheit.
Vor dem Hintergrund vieler ähnlicher Ereignisse in der Geschichte seines Volkes kann Chagall dieses Bild schaffen:
Reines, von keiner weltlichen Macht gestütztes Vertrauen auf das Sendungs-Wort des unsichtbaren EWIGEN.
Furchtlosigkeit vor der realen politischen Macht.

20/100

Als Pharao das Volk ziehen ließ, führte Gott sie zum Schilfmeer.
Da änderte sich die Haltung Pharaos und er sprach: Wie konnten wir nur Israel aus unserem Dienst entlassen.
Er nahm sechshundert auserlesene Streitwagen und jagte den Israeliten nach, als sie am Meere lagerten.
Da erschraken die Israeliten sehr und schrien zu JHWH.
JHWH der EWIGE sprach zu Mose: Hebe deinen Stab und spalte das Meer, dass die Israeliten inmitten des Meeres auf dem Trockenen gehen.
Der Engel Gottes zog vor ihnen her und die Wolkensäule stand hinter ihnen.
Die Ägypter setzten ihnen nach, alle Pferde, Streitwagen und Reiter, zogen hinter ihnen ins Meer hinein.

Ex 13,17f; 14,5,7,9,10,15f,19,23

Exodus, Auszug der Israeliten durch das Rote Meer in die Freiheit. Das Bild erinnert an andere zum selben Thema.
Und nun der Chagallsche Bildaufbau, seine Zeichensprache und Farbgebung!
Kein Thema ist häufiger in der Bibel gestaltet, und immer wieder anders, je nach der Situation des Erzählers. Chagall hat die Fassung zugrunde gelegt, die sich für eine bildhafte Darstellung anbietet:
Mose hebt auf Gottes Geheiß den Stab, und die blauen Wasser geben einen Weg frei. Aber – die Horizontlinie zeigt kein Ziel, endlos scheint der ungewisse Weg nach vorn zu sein: „bis wann?" Und trotzdem zieht Israel in ruhiger Ordnung im Bewusstsein, unter ‚göttlicher Führung' zu gehen – von Chagall durch den goldgelbfarbenen Engel angedeutet.
Hinter ihnen her jagt der verfolgende König mit seinem Heer – weitere Bewaffnete strömen, Angst erregend, über den unteren Bildrand nach.
Eine Wolkenwand schiebt sich zwischen die Flüchtlinge und die Verfolger, so dicht, dass diese in Panik geraten, wie das Bild mit scheuenden und zurückjagenden Pferden zeigt, mit dem abbrechenden Rad der Königskarosse, mit stürzenden und ertrinkenden Soldaten – und das Blutrot macht den Untergang der feindlichen Macht zusätzlich deutlich.
Aber die eigentliche Erfindung Chagalls, die dieses Bild aus allen anderen der bisherigen Bildtradition heraushebt, wird dem Betrachter längst aufgefallen sein:
Wir erwarten Mose etwa dort, wo der Führungsengel steht, am Anfang des Zuges oder an seinem Ende. Hier jedoch ist Mose von seinem Volk getrennt und steht auf der Seite der Ägypter! – Aber Chagall hat ihm dieselbe goldgelbe Farbe gegeben wie dem göttlichen Führungsengel.
Nicht nur die Schriften der Bibel, auch die jüdische Auslegungstradition haben dieses Thema immer wieder variiert. Chagall legt hier eine Formulierung vor, die er aus den Erfahrungen der zeitgenössischen Situation seines Volkes schafft:
Durch wie viele ‚Meere' mussten wir schon ziehen.
Wenn nicht immer ‚Mose' am Ufer gestanden und zu uns gesprochen hätte: ‚Geht, Kinder, geht, manche werden umkommen, aber wer ein neues Ufer erreicht, wird dort den uns gegebenen Gottes-Auftrag fortsetzen' –
wären wir weitergegangen?, hätte es eine Fortsetzung der Gottes-Geschichte gegeben?

20/100
M. Ch.

Mose stieg auf den Berg, und die Wolke bedeckte den Berg. Die Herrlichkeit JHWHs ließ sich auf den Berg Sinai herab, und die Wolke bedeckte den Berg sechs Tage lang.
Am siebten Tag rief JHWH EWIGER mitten aus der Wolke Mose.
Die Erscheinung der Herrlichkeit JHWHs auf dem Gipfel des Berges zeigte sich vor den Augen der Israeliten wie verzehrendes Feuer.
Gott sprach alle diese Worte:
Ich, JHWH, bin dein Gott, der ich dich herausgeführt habe aus Ägypten, aus dem Sklavenhaus.
Mose sagte: JHWH der EWIGE offenbarte euch seinen Bund, er verpflichtete euch, ihn zu halten: Die Zehn Worte. Er schrieb sie auf zwei Steintafeln.
Ex 24,15-18; 20,1 f; Dn 4,13
(Vgl. auch Ex 34,28-30).

Oft ist dieses Thema „Mose empfängt die Gesetzestafeln" – auf einer Bergkuppe, einem Plateau oder auf einem Felsvorsprung – dargestellt worden.
Und doch haben wir mit diesem Bild Chagalls einen einzigartigen Entwurf innerhalb der bisherigen Bildgeschichte.
Chagall lässt den Berg steil abfallen. Das Profil eines schrecklich in die Tiefe stürzenden Felshangs macht dem Betrachter deutlich, an welcher Steilwand Mose selbst steht!
Aus einer Wolke heraus reichen die Hände Gottes dem Mose die beiden Tafeln mit dem „Zehnwort", dem Dekalog zu. Es ist der Augenblick der Übergabe: Die Tafeln haben links schon in der Daumenbeuge Halt gefunden, während Mose rechts erst noch nach ihnen tastet.
Leuchtendes Goldgelb auf dem Arm Gottes und auf den Tafeln verdeutlicht, dass dieses Zehnwort nicht aus beschränktem menschlichen Denken allein zu erklären ist. Nur die Liebe des Himmels kann für seine Menschen etwas so uneffektiv Scheinendes erdacht haben, wie z. B. den siebten Tag jeder Woche als einen von aller Arbeit, und das heißt auch von Abhängigkeit jeder Art, freien Raum. Freier Raum nicht nur für die ‚Herren', nein *„auch dein Knecht, deine Magd, dein Ochs und dein Esel, auch der Fremdling in deinen Toren sollen an ihm ruhen gleichwie du."*
Die es tun, reden nicht nur von Freiheit, sie praktizieren sie jeden siebten Tag.
Die Wolke schützt Mose davor, in das Zentrum dieser Lichtglanz-Herrlichkeit zu schauen. Und doch kommt er „strahlenden Angesichts" vom Sinai zum Volk zurück. Von dieser Erzählung der Bibel her stammen – nachdem Künstler eine lange Zeit Mose auf Grund einer falschen Übersetzung mit Hörnern gemalt hatten – die unverwechselbaren Strahlenbündel am Haupt des Mose.
Wie aber soll Mose an dieser Steilwand stehen, hinaufblicken, mit seinen Händen die schweren Steintafeln entgegennehmen und sie auch noch herabbringen? Das geht doch gar nicht. Und so schafft Chagall mit diesem Felsprofil seinen Ausdruck für das Staunen über das *„Wunder* der Gabe der Tora".
Seit dem Sinai ist sie, zumindest in Form des Dekalogs, für Juden, Christen und Moslems eine nicht ersetzbare Orientierungshilfe für das Leben geworden.

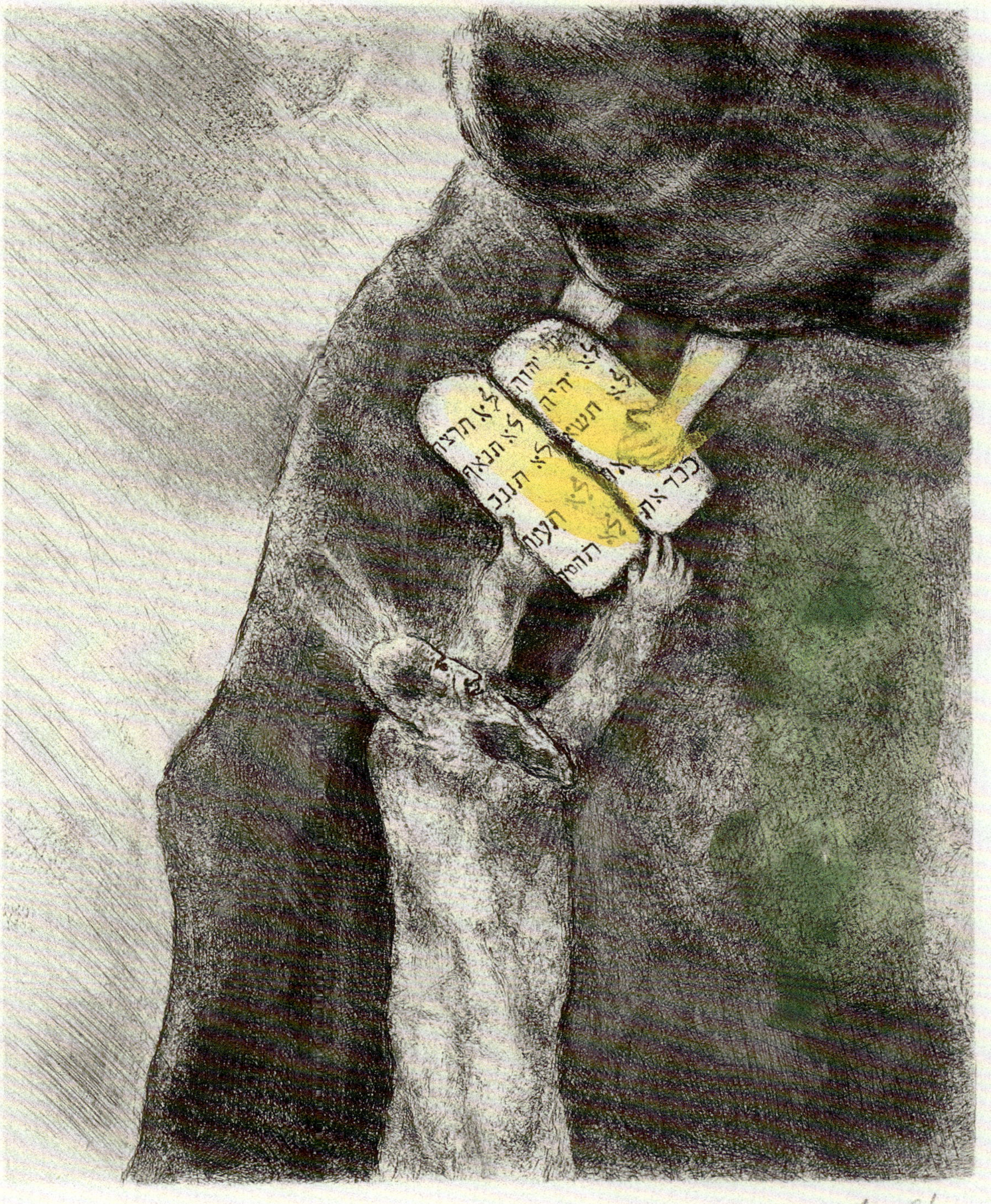

20/100

M. Ch.

Mose stieg hinauf auf den Nebo gegenüber Jericho und JHWH *zeigte ihm das ganze Land*
Der EWIGE *sagte zu ihm: Das ist das Land, das ich Abraham, Isaak und Jakob versprochen habe mit dem Schwur: Deinen Nachkommen werde ich es geben. Ich habe es dich mit deinen Augen schauen lassen. Hinüberziehen wirst du nicht.*
So starb dort Mose der Knecht JHWHS *des* EWIGEN *auf* JHWHS *Geheiß.*
Er begrub ihn. Bis heute kennt niemand sein Grab.
Mose war hundertundzwanzig Jahre alt, als er starb.
Niemals wieder ist in Israel ein Prophet wie Mose aufgetreten.
Ihn hat JHWH *Antlitz zu Antlitz angesehen.*

Dn 34,1 f,4-8,10

„Niemand hat sein Grab gefunden bis auf den heutigen Tag.“ Es ist ein Geheimnis geblieben um den Weggang des Mose. Auch um das Wie dieses Weggangs, wie Chagall aus dem Bibeltext weiß, der in den Übersetzungen variiert zwischen
„Mose starb auf Geheiß des EWIGEN“, „am Mund ...“ oder „unter dem Kuss des EWIGEN.“
Ist dieses Geheimnis jemals von einem Künstler vor Chagall zu einer bildfähigen Eingebung verdichtet worden?
Der Blick geht vom Nebo über die Jordansenke zu dem in seinen Konturen verschwimmenden Land der Verheißung.
Aber nun, das ins Bild zu bringen: Das Sterben des Mose, des Knechtes des EWIGEN. Und – einmalig im Bildwerk Chagalls – den EWIGEN selbst. Denn kaum ist irgend der Ansatz eines Flügels zu erkennen, womit Chagall sonst, in verhüllender Sprache, den Boten Gottes zeichnet, statt direkt Ihn, JHWH, den EWIGEN.
Mose liegt in der Bilddiagonale Gott gegenüber:
Der Wanderstab, Zeichen seiner vierzigjährigen Wüstenfahrt, liegt hinter ihm. Vorbei, abgelegt, abgegeben.
Er selbst, goldgelb überstrahlt, hat sein Gesicht dem Himmel zugewandt und die Hand zu Gott erhoben, wie man einem Freunde zuwinkt.
Am oberen Bildrand – in der Form von Wolkenandeutungen und von himmlischem Blau überhaucht – die Umrisse Gottes mit den auf Mose hin geöffneten Armen.
Und wenn die Wolke, von der Begegnung am Sinai her bekannt, auch als Schutz vor der vernichtenden Begegnung mit der Heiligkeit Gottes galt, so scheint sie hier geöffnet, und von ihr aus führt eine breite ‚Straße von Licht‘ direkt von Gott hin zu Mose.
So lässt das Bild am Ende den Betrachter nicht mit dem Eindruck eines verstorbenen Mose zurück. Eher erweckt Chagall, vertraut mit der fortwirkenden Bedeutung des Mose, den Eindruck, dass Mose hier, den Kopf angehoben, in der Verbindung mit Gott auf einen neuen Auftrag gefasst ist.
„... nach David steigt unser Mose herab. Er sagt: ‚Fürchtet niemanden!‘ Er befiehlt euch ruhig zu bleiben, bis er von neuem aushaut neue Tafeln für eine neue Welt.“

20/100

JHWH sprach zu Mose: Geh zu Josua, dem Sohn Nuns, einem Mann, der mit Geist begabt ist, und leg ihm deine Hand auf! Dann lass ihn vor den Priester Eleasar und vor die ganze Gemeinde treten und gib ihm vor ihren Augen deine Anweisungen! Gib ihm etwas von deiner Würde ab, damit die ganze Gemeinde der Israeliten auf ihn hört.
Josua, der Sohn Nuns, war erfüllt vom Geist der Weisheit, denn Mose hatte ihm die Hände aufgelegt. Die Israeliten hörten von jetzt ab auf ihn und taten, was JHWH dem Mose aufgetragen hatte.
Num 27,18-20; Dtn 34,9

Um Josua, den Nachfolger Moses geht es. Und doch scheint das ganze Bild nur Mose zu sein.
Unter den 105 Radierungen dieses Zyklus hat Chagall 17 den Geschichten um Mose zugeordnet. Im Gesamtoeuvre Chagalls gibt es kein biblisches Bildzeichen, das so häufig zu finden ist wie Mose. *„Mose ist die Quelle, aus der alles stammt"*, hat Chagall einmal gesagt. Aber auf keinem Bild unter den Radierungen füllt Mose so den ganzen Bildraum wie hier, als wollte Chagall Person und Werk des Mose zusammenfassen, wie er es in den Worten vorfindet, mit denen die Schrift im Fünften Buch Mose die Erzählung von Mose beendet:
„Niemals wieder ist in Israel ein Prophet wie Mose aufgetreten. Ihn hat der EWIGE Auge in Auge berufen."
Um die durch die Körperlinien begrenzte Person liegt wie eine Aura sein ‚Glanz' als ein Zeichen seiner ‚Würde'.
Sein Angesicht strahlte etwas von dem Herrlichkeitslicht Gottes wider, als er aus der Begegnung mit Gott auf dem Sinai zurückkehrte. Chagall führt die aus dieser Geschichte in die Mose-Ikonographie gekommenen Strahlenbündel bis über den oberen Bildrand hinaus, in die dort irgendwo beginnende ‚andere Dimension' der Wirklichkeit. Aber das große goldorange Feld seiner ‚Aura' zeigt: seit Mose ist diese göttliche Herrlichkeit eine mitgehende, eine *„einwohnende"* Wirklichkeit geworden.
„Gott wohnt, wo man ihn einlässt."
Die starken Arme und Hände des Mose gehen nach links. Und dort erblickt der Betrachter vielleicht jetzt erst die winzige, in Schwarz gezeichnete Gestalt Josuas. Nur sein Gesicht und seine zum Herzen geführte Hand treten hell und mit einem leichten Gelbschimmer belegt hervor.
Da mag die Frage aufkommen: Wird der fähig sein zur Nachfolge? Wird er „Gott einlassen"? und die Moseanfänge fortführen?
Aber Chagall weiß:
„Mose empfing die Tora am Sinai und gab sie an Josua weiter, Josua empfing und gab sie an die Ältesten weiter ...," bis zu Chagall hin, der empfing und gab sie, auf seine Weise, an uns weiter.

20/100

M. Ch.

Damals übte Debora, eine Prophetin, das Richteramt in Israel aus. Sie hielt unter der Debora-Palme Gericht, und die Israeliten kamen mit ihren Streitfällen zu ihr.
Debora ließ Barak rufen und sagte zu ihm: JHWH der Gott Israels befiehlt dir: Brich mit zehntausend Männern auf und zieh zum Berg Tabor. Ich will Sisera, den Heerführer der Feinde, mit seinen Kriegswagen zum Bach Kischon lenken und dir ausliefern.
Barak antwortete ihr: Wenn du mitgehst, werde ich gehen, wenn du aber nicht mitgehst, gehe ich auch nicht.
Sie sagte: Aber dann wirst du nicht den Ruhm davon haben, denn JHWH wird Sisera einer Frau ausliefern.

Richter 4,6-9

Die Prophetin und zugleich Richterin Debora ist eine Frau in der Reihe der Gestalten mit leitenden Aufgaben in der vorstaatlichen Stämmeordnung Israels. Kulturhistorisch befinden wir uns in der ausgehenden Bronzezeit. Aber schon damals hatte in Israel eine Frau die Stellung einer Prophetin und Richterin, zu der die Menschen in Rechtsangelegenheiten kommen konnten.
Sie war an einem bestimmten Platz, im Freien zwischen den Orten Rama und Bethel, bei der unter ihrem Namen bekannten „Debora-Eiche" zu finden.
Prophet und Richter waren charismatische Ämter, von Menschen eingenommen, die als vom Geist Gottes erwählt galten.
Dieser Auffassung entsprechend zeichnet Chagall Debora hier. Von ihrem großen Körper her eine schon in sich selbst starke Frau. Die Hände sind nach oben, zu dem in Blau gekennzeichneten ‚oberen Raum', gerichtet, die Armführung von der Schulter bis zu den Händen verstärkt die durch die angezogenen Kniee der Sitzenden verdeutlichte Schoßform: Nicht von sich selbst, sondern im Empfangen der Weisung durch den göttlichen Geist erteilt sie Rat und Auftrag. Dazu ist auch ihr Gesicht nach oben gewandt mit offenem Auge, wie auf Eingebung wartend. Und Chagall hat mit dem Gelb auf Gesicht und Hand ihr Ergriffensein vom Geist Gottes verdeutlicht.
Nach rechts öffnet sich der Bildraum für Ratsuchende oder Herbeigerufene.
Hier ist es, vor anderen Wartenden, der Mann Barak, dem Debora gegen seine Angst und sein Widerstreben den Auftrag erteilt, Israel vor der militärischen Gefahr aus dem Norden zu verteidigen. Chagall hat diesen Heerführer, der die Schlacht schließlich gewinnt, doch in recht jämmerlicher Gestalt vor die Debora gestellt, dass deutlich wird: seine Leistung kommt nicht aus ihm selbst, sondern das Rot mag zeigen, dass auch sein militärischer Einsatz bewirkt ist durch den auf ihn kommenden Geist Gottes.

20/100

Der Mann Elkana hatte zwei Frauen Hanna und Peninna. Peninna hatte Kinder, Hanna aber nicht.
Hanna hatte unter den Kränkungen Peninnas zu leiden. Wenn sie beim Opferfest das Mahl hielten, aß Hanna nicht und weinte.
Sie stand auf und ging, um im Tempel vor JHWH vor dem EWIGEN zu beten. Der Priester Eli saß und beobachtete sie.
Hanna weinte und weinte. Sie legte ein Gelübde ab: JHWH, du Herr der Heere, wenn du Mitleid hast mit dem Elend deiner Magd, wenn du an mich denkst und mich nicht vergisst und mir einen Sohn schenkst, dann will ich ihn für sein ganzes Leben dir, JHWH, weihen.

1. Sam 1,1f,7,9-11

Durch die ganze Diagonale des Bildes reckt sich Hanna, wie wenn die ganze Frau ein Schrei wäre. Beide Arme unterstützen die Bewegung, die von ihrem Fuß am unteren Bildrand nach oben über das Bild hinaus treibt.
Die ganze volle weibliche Gestalt dieser Frau ist in einem Gespanntsein, als würde sie gleich aufspringen. Über die Körperhaltung hinaus sind das weit geöffnete Auge und der sprechende Mund auf den Einen hin gerichtet, von dem allein sie Veränderung für ihr Leben erwartet.
Mit Rot unterstreicht Chagall die Leidenschaft dieses Gebetes, das bis in den Himmel schreit: JHWH EWIGER, schau hierher, wo ich bin! Kein Kind ist aus meinem Leib gekommen, sieh meinen Kummer an! Du kannst ihn ändern, deinem Erbarmen traue ich das zu. Ich gebe das Leben meines Kindes in Deinen Dienst!
Kaum kann sich der Blick lösen von dieser Hanna. Doch würde er dann die anderen Zeichen übersehen.
Ein Knabe und einer der drei oder vier Stiere tragen Spuren gelber Farbe, die oft von Chagall für einen Hinweis auf Zugehörigkeit zur göttlichen Welt gesetzt wird.
Vielleicht haben wir hier wieder damit zu rechnen, dass Chagall in seinen Bildern *Ebenen*, hier Zeitebenen, neben- oder übereinander legt: im Vordergrund die Bitte Hannas um ein Kind – hinter Hannas Knie die Erfüllung der Bitte, ihr Kind – rechts das Tier, das sie einst als Dankopfer bringen wird.
Das Gebet der Hanna wurde erhört. Ihren Erstgeborenen nannte sie Samuel und gab ihn nach gewisser Zeit für immer an den Dienst Gottes im Tempel.
Es mag also sein, dass Chagall hier die Zukunft, den herangewachsenen Sohn, in das Bild einbezieht. Mit dessen sich duckender Haltung wird dem Betrachter das Erschrecktsein Samuels vor dem Ungestüm seiner Mutter deutlich, die ihn so von sich freilassen wird und ihn für die Hingabe an Gott bestimmt – zusammen mit einem durch das Gelb gekennzeichneten Opfertier, aber eben auch ihn selbst als ein Opfer.

20/100
M. Ch.

Saul war jung, schön und tüchtig. Eines Tages waren die Eselinnen seines Vaters verschwunden. Saul machte sich mit einem Knecht auf, sie zu suchen. Dabei stieß er auf Samuel. Dem hatte Jhwh offenbart: Morgen schicke ich einen Mann aus dem Stamm Benjamin zu dir, den sollst du zum Fürsten über mein Volk Israel salben.
Samuel sagte zu Saul, lass deinen Knecht vorausgehen. Du aber bleib hier stehen, denn ich will dir verkünden, was Gott mir gesagt hat.
Dann nahm Samuel das Salbol, goss es Saul auf den Kopf, küsste ihn und sagte: Damit hat Jhwh dich zum Fürsten über sein Erbe gesalbt.
1 Sam 9,2-414-15,27; 10,1

Im Zentrum des Bildes steht Saul, ein Kind, wie es scheint. Aber nach dem Bibeltext doch schon ein junger Mann, der Verantwortung für die Herden seines Vaters hat.
Von der rechten Bildkante her tritt der Richter Samuel plötzlich in sein Leben. Chagall hat ihn mit einem tiefroten Gewand bekleidet, was als Zeichen seiner Amtswürde zu deuten sein mag, aus der heraus er hier den Gottesauftrag an einem Unbekannten auszuführen hat.
Die Bibel erzählt die von Chagall vorgestellte Szene als den Beginn staatspolitischer Veränderungen in dem jungen Stämmeverband Israel. Die Zentralgewalt eines Königs soll forthin die politischen und vor allem die militärischen Entscheidungen koordinieren, die notwendig geworden sind, weil Philister-Heere von der Küste her vordringen.
Ein Bauernjunge aus dem kleinsten Stamm, Benjamin, ohne Erfahrungen in der Welt der Politik, wird von Gott zum kommenden König bestimmt.
Im Freien, außerhalb der Stadt, ohne menschliche Zeugen, nimmt Samuel die Flasche mit dem Salböl, gießt es über den Kopf Sauls und erklärt ihm, dass Gott ihn zum König bestimmt hat.
Chagalls Bild stellt diesen plötzlich aus den Zusammenhängen seines normalen Bauernlebens herausgeholten Mann vor den Betrachter. Seine Hände zeigen den Ausdruck: Was soll denn jetzt werden? Warum ich? Schlaff hängt die eine herunter, die andere fährt erschrocken zum Herzen. Wunderbar ermutigend legt Samuel die seine darauf. Und nur der Betrachter des Bildes weiß durch die gelbe Farbgebung an dieser Stelle, dass göttliches Licht auf Saul fällt, dass Gott ihn stärken wird.
Die hochgezogenen Brauen und der geschlossen gespitzte Mund mögen etwas von der Sorge des Jungen verraten, die ganz nach oben gerichteten Augen etwas von dem Urvertrauen:
Wer bist Du nur, Jhwh Ewiger, unser Gott, dass du mich zu dieser Aufgabe erwählst!

20/100 M. Ch.

Der Geist JHWHS verließ Saul und ihn quälte ein böser Geist. Da sagten die Diener Sauls zu ihm: wir kennen einen Sohn des Isai aus Betlehem, der Harfe spielen kann. Er ist tapfer und ein guter Krieger, versteht gut zu reden, ist von schöner Gestalt, und JHWH der EWIGE ist mit ihm.
Da schickte Saul Boten zu Isai und ließ ihm sagen: Schick mir deinen Sohn David.
So kam David zu Saul.
Sooft der Geist Gottes Saul überfiel, nahm David seine Harfe und spielte.
Dann fühlte sich Saul erleichtert, es ging ihm besser, und der böse Geist verließ ihn.
1 Sam 16,14,18f,21,23

Einen prächtigen Thronsessel in weiträumiger Säulenhalle als Hinweise, wie die Erfolge Sauls zu Wohlstand geführt haben, wählt Chagall als Hintergrund für die eigentliche Bildaussage.
Vor den stolzen Symbolen der äußeren Repräsentation zeigt Chagall diesen König als einen unglücklichen Mann:
Mit Krone und Königsmantel, Kette und Ring hat er sich bekleidet, Ehrfurcht einflößende Zeichen seiner Würde.
Aber Chagall lässt mit dem biblischen Text den Betrachter erkennen, wie es wirklich um diesen in schwarz gehaltenen König steht:
Leicht gebeugt sitzt er da, das Purpurrot seines Königsmantels ist nur noch in Andeutungen gegeben. Das Gesicht lässt Sorgenfalten und einen kummervollen Mund erkennen. Die Augen hat er geschlossen, vor das eine die Hand gelegt, Geste einer Trauer in ausweglos lähmenden Depressionen. Und die andere Hand will die Schmerzen seines Herzens lindern, sei es Verzweiflung, Eifersucht, Neid …
Vor ihm sitzt David mit der Harfe.
Im Gegensatz zum König ist er nur mit zarten Strichen und als ganz helle Gestalt gezeichnet, unbeschwert, in jugendlichem Gewand, mit aufrechtem Körper, seinen Kopf lauschend an den Holm der Harfe gelegt. Sein großes geöffnetes Auge schaut sinnend: sucht es den Kummer des Königs zu verstehen, hilfreiche, heilende Töne zu finden? Ist er mit der Frage beschäftigt, warum Gott dem König einen bösen Geist geschickt hat? Träumt er von seiner eigenen Zukunft?
Wie so oft schafft Chagall auch hier durch die Zeichnung des Auges vielfachen Ausdruck seelischer Vorgänge.
Gesicht und Haar Davids sind mit einem Hauch der Komplementärfarben von blassem Rot und leichtem Grün belegt: Ganz ist dieser Jüngling vor Gott und in sich selbst.
Auf seiner Harfe liegt wie göttliche Bestätigung Davids und seines Harfenspiels goldenes Gelb. Mit beiden Händen, die in der Form und von der Armführung her weiblich anmuten, greift er in die Saiten. Und Töne erklingen, die wie ein Trost vom Himmel Saul erleichtern, so dass es ihm, wie der Text sagt, besser geht und der böse Geist ihn verlässt.
Solch eine Wirkung kann der Psalter Davids, das am häufigsten aufgeschlagene Buch der Bibel, bis heute auf unzählige Menschen haben.

20/100

David holte die Lade Gottes, die den Namen JHWHS *trägt, des Herrn der Heere, der über den Cheruben thront, in die Stadt Davids.*
Und sobald die Träger der Lade gingen, tanzte David mit großer Hingabe vor JHWH *dem* EWIGEN *und trug dabei nur ein leinenes Priestergewand.*
So brachten David und das ganze Haus Israel die Lade JHWHS *unter großem Jubelgeschrei und unter dem Klang des Widderhorns zur Stadt hinauf.*

2 Sam 6,1f,13-15

Mit der Krone des Königs und dem weißem Gewand eines Priesters bekleidet, reißt David die Saiten seiner Harfe an inmitten einer Volksmenge, die mit in seinen Jubel einstimmt.
Entbrannt in einer mit dem Goldgelb fast die Dimensionen des Diesseits sprengenden Ekstase, steht David im Zentrum des Bildes.
Um die Intensität dieses Jubels auszudrücken, lässt Chagall den Harfengesang Davids von einem ganzen Orchester von Schellen, Pauken, Geigen, Flöten und Hörnern begleiten, und er spiegelt die fassungslose Freude der Menschen in ihren Bewegungen.
Das dominierende Gelb-Gold, wie bestätigendes Licht des Himmels, zieht sich über die zentrale Gestalt des Königs mit der Harfe bis hin zu dem Zeichen, um dessentwillen dieser zum Himmel aufsteigende Jubel ertönt:
Die Bundeslade, das vom Sinai her mitgetragene Symbol der Gottesnähe, in dem die Tafeln des Bundes mit dem Gesetz Gottes das Volk begleitet haben, soll jetzt ihren gebührenden Platz in der Davidstadt, in der Mitte Israels, finden.
Chagall malt die Bundeslade, wie er die Vorhänge vor einem Toraschrein in der Synagoge kennt:
Aufgestickte Löwen mit dem Davidstern und der Krone darüber. Ganz zu oberst die beiden Tafeln vom Sinai. Alles sind für ihn von Kind auf eingeprägte Symbole: Solche Löwenkräfte braucht es, um der Tora in der Welt und im eigenen Leben Geltung zu geben. Priesterkrone und Königskrone sind seit der Zerstörung des Tempels vergangen, aber die *Krone der Tora kann jeder Gottesfürchtige erwerben*. Und der Davidstern steht für die einst kommende messianische Zeit.

20/100

M. Ch.

David schickte seinen General Joab mit dem Heer in den Kampf um Rabba, die Hauptstadt der Ammoniter. David selbst blieb in Jerusalem.
Eines Abends erging David sich auf dem flachen Dach des Königspalastes. Da sah er vom Dach aus eine Frau, die sich wusch. Sie war sehr schön. David ließ nachforschen, wer die Frau sei und man sagte ihm: Es ist Batseba, die Frau des Hetiter-Soldaten Uria. Darauf schickte David Boten zu ihr und ließ sie holen; sie kam zu ihm und er schlief mit ihr. Dann kehrte sie nach Hause zurück. Sie schickte aber bald zu David und ließ ihm sagen: Ich bin schwanger.

2 Sam 11, 1-5
(Vgl. 2 Sam 11, 6-15 und
2 Sam 12, 1-25).

Hoch ragt der Königspalast über das Land in den Himmel, zu oberst steht David, der Gesalbte Gottes.
Unten eine Frau, die sich badet, und dahinter erstreckt sich grün das fruchtbare Land mit kleinen Häuschen.
So baut Chagall die Szenerie auf, in der das Drama sich abspielt. Königliches Gelb auf Krone und Königspalast erheben den Gesalbten über die Menschen.
Aber der Anblick einer badenden, schönen Frau mit aufleuchtendem Haar unterwirft den König einer Leidenschaftserregung, die ihn in sehr menschliche Verwicklungen treibt.
Es ist die Frau eines seiner treuesten Söldner-Offiziere. David lässt sie zu sich holen, während ihr Mann Uria an der fernen Front kämpft.
Als sich die Folgen des Ehebruchs einstellen, befiehlt David den Uria zum Frontbericht nach Jerusalem und gibt ihm die königliche Erlaubnis, bei seiner Frau zu übernachten. Uria lehnt das ab aus Solidarität mit den Kameraden an der Front. Da gibt David ihm einen Brief an den General Joab mit, er möge den Uria mit einer solchen Aufgabe an der Front betrauen, von der er nicht lebend zurückkommen wird.
So zieht ein Übel das andere nach sich bis hin zum schrecklichen Verbrechen.
Ein Königsverbrechen, wie überall in der Welt. Wer wollte dagegen schon Anklage erheben? Aber David ist der Gesalbte Gottes, er steht unter dem Gottesrecht Israels. Einer muss es ihm vorhalten. Die Aufgabe fällt den Propheten Natan zu: Dir hat Gott alles gegeben. Das Königtum, die Erfolge, Reichtum und viel Frauenliebe. Und du nimmst einem deiner ehrlichsten Leute seine Frau und lässt ihn umbringen?!
Dein Handeln werden andere sich zum Beispiel nehmen. Gott wird dir nicht ersparen, die Folgen für dein Tun zu erleben und sie zu tragen. Aber du weißt auch, wir haben einen Gott voller Erbarmen, der mit uns geht, auch mit hinein in die Folgen unserer Schuld.
Damit löst Natan bei David eine lange Kette sühnender Handlungen aus. Am Ende stellt sich David der ganzen Verantwortung und nimmt Batseba zur Frau, die ihm später Salomo gebiert.

20/100

M Ch.

Ein Bote kam zu David und meldete: Die Israeliten haben ihr Herz deinem Sohn Abschalom zugewandt. Da befahl David all seinen Leuten: Macht euch bereit, wir wollen fliehen, denn es gibt für uns keine Rettung vor Abschalom.
Auch der Priester Zadok mit der Bundeslade war bei ihm. Der König befahl: Bring die Lade Gottes zur Stadt zurück. Wenn ich vor den Augen JHWHs *Gnade finde, dann wird er mich zurückführen. Wenn er aber sagt: Ich habe an dir kein Gefallen, dann mag er mit mir tun, was ihm gefällt.*
David stieg weinend und mit verhülltem Gesicht zum Ölberg hinauf; er ging barfuß.
2 Sam 15,13f. 25f. 30

Wie kann einer sich hineinfinden in dieses Bild, auf dem alles seine normalen, seine bekannten Umrisslinien, seinen festen Halt verliert?
Der König, der Gesalbte Gottes, David, der König, dem die messianische Verheißung zugesprochen ist, ist auf der Flucht!
Er flieht aus der Stadt Jerusalem, aus der Stadt mit dem Heiligtum Gottes. Sein Sohn Abschalom hat mit einer Revolte das Recht zerstört. Er reißt den königlichen Besitz an sich, maßt sich den Thron an, den Gott dem David bestimmt hatte, pfeift auf Gottes- und Königsrecht, trachtet vatermörderisch dem König nach dem Leben.
Gebrochen, in aufgelöster Bewegung erscheint die einst aufrechte Gestalt Davids. Ein schwarzes Trauergewand, das den Königspurpur verdecken muss, hat er angelegt, die Krone hat ihren königlichen Glanz verloren. Und die Hände führt David zum Kopf hinauf in Kummer und Weinen.
Und gerade so, aufgelöst in Gram und Verzweiflung, folgen ihm Anhänger aus Jerusalem durch das Kidrontal den Ölberg hinan in Gesten des Entsetzens, der Trauer.
Die Auflehnung Abschaloms gegen die gültigen Fundamente göttlicher Setzung und Ordnung, lässt alles bisher Unerschütterliche aus der Fassung geraten. Die Stadt Jerusalem mit ihrer festen Mauer und dem Davidturm scheint zu wanken. Selbst am Himmel zieht sich ein Unwetter über Jerusalem zusammen.
Ein weiblich gezeichneter Engel am Himmel, der David einen Fluchtweg zu weisen scheint, deutet die mitgehende göttliche Gegenwart an. Und auch der Lichtglanz, der zu der Stadt Gottes gehörte, scheint die Stadt zu verlassen und folgt David und seinen Getreuen.

20/100

M. Ch

David sang Jhwh *dem* Ewigen *dieses Lied:*
Jhwh Ewiger, du mein Fels, meine Burg, mein Retter,
mein Gott, meine Feste, in der ich mich berge,
mein Schild und sicheres Heil, meine Zuflucht!
Ich rufe: Jhwh der Ewige sei gepriesen!
Schrecken vor dem Tod ängsteten mich,
mir grauste vor dem Verderben.
In meiner Not rief ich zu Jhwh.
Er hörte mein Rufen und führte mich hinaus ins Weite.
Dem bedrückten Volk bringst du Heil,
doch die Blicke der Stolzen zwingst du nieder.
Ich will dir danken, Jhwh Ewiger, vor den Völkern,
ich will deinem Namen singen und spielen.

2 Sam 22,1-7,20,28,50

Drei Ebenen lassen sich in diesem Bild erkennen, die Chagall, wie so oft, neben- oder übereinanderlegt:
Im Hintergrund undurchdringliches, gestaltloses, ängstigendes Dunkel. Davor hat sich eine helle Lichtbahn geschoben, vor der der Sänger steht, und neben ihm seine Harfe.
Dieser Sänger steht vor Gott, nur mit einem einfachen Hemdkittel, gehalten durch eine aus Stricken geknotete Schnur. Jedes Attribut der Macht, alles königliche Gold hat er abgelegt, nur durch die Krone ist er für den Betrachter des Bildes als König erkennbar. Mit seinen geöffneten Armen bietet er sich frei dar und hat das Haupt mit weiten Augen und betend geöffnetem Mund zum Himmel erhoben. Von dort mag auch der leichte Gelbschimmer wie ein Zeichen der Antwort auf ihn fallen.
Mehrfach, wenn auch ganz unterschiedlich im Einzelnen, hat Chagall mit solcher Lichtbahn gearbeitet, die sich nach unten verbreitert und dem Betrachter dadurch verdeutlicht, dass sie weit außerhalb des Bildraums ihren Ursprung hat. Sie gehört zu seinen vielen Metaphern, die in ihrer Offenheit den Betrachtern die Möglichkeit lassen, aus ihrer Erfahrung oder Erinnerung eigene Wörter dafür zu finden.
Auf diesem Bild ‚steht' sie zwischen dem Dunkel und dem Beter und nimmt seine Worte auf, hier in hebräischen Schriftzeichen gesetzt, unter denen das Wort „ich rufe" am deutlichsten hervortritt.
Der nebenstehende Psalm, der nach biblischer Überlieferung zu den Texten aus der letzten Lebenszeit des Königs Davids gehört, enthält viele Elemente, wie sie sich auch in anderen Psalmen finden: Vertrauen, Angst, Flehen, weisheitliche Erkenntnis und Lobpreis.
Solange auf diese ‚Lichtbahn' Wörter geschrieben werden, solange, mit anderen Worten, ein Mensch im Gebet bleibt, mag er gegen das Dunkel gefeit sein.
Dafür könnte jener zusammengeschlagene Häftling in Auschwitz stehen, der nach Fron und Mißhandlungen während des Tages sich am Abend todmüde auf dem Rand seiner Pritsche betend bewegt. Von den andern spöttisch befragt, wofür er denn hier noch danken wolle, antwortet er: *„Ich danke Ihm, dass er mich zu seinem Volk erwählt hat und dass ich nicht geworden bin wie einer von jenen."*

20/100

M. Ch.

König David war hochbetagt. Sein Sohn Adonja wollte das Königtum an sich reißen.
Da ging Batseba zum König David und sagte ihm: Mein Herr und König, du hast doch deiner Magd geschworen: Dein Sohn Salomo soll nach mir König sein und er soll auf meinem Thron sitzen: Nun aber ist Adonja König geworden, und du weißt nichts davon.
Auf dich schauen nun die Augen ganz Israels. Du sollst ihnen mitteilen, wer nach dir auf dem Thron sitzen wird.
Da schwor der König ihr: Ich habe dir bei JHWH, dem Gott Israels, geschworen, dass dein Sohn Salomo nach mir König sein soll, und so will ich es heute wahr machen.
1 Kön 1,1,5,15-18,20,29f
(Vgl. auch 1 Sam 16 bis 1 Kön 2)

In mehr als vierzig Kapiteln erzählt die Schrift von David, von seinem Aufstieg am Hofe Sauls, von seiner vierzigjährigen Regierungszeit.
Es ist die ausführlichste Biographie die wir von einem Menschen in der Bibel finden, und sie wird mit psychologischer Realistik geschildert. Höhen und Tiefen, Reichtum, Glück und abgründige Schicksalsschläge treten uns in den Berichten über diesen König entgegen. Als harter Krieger und gerechter Friedensherrscher, als mit Frauenliebe beglückt ist er in die Erinnerung eingegangen und geradezu zu einem ‚Urbild von Menschenschicksal' geworden.
Als der, aus dessen Händen die Harfenlieder des Psalters stammen mit Klage, Bitte, Dank, Gottes- und Schöpfungslob.
Als der, von dem her sich alle messianische Hoffnung ableitet, wie Gott sie ihm und seinen Nachkommen in der Zukunft verheißen hat.
Am Ende seines Lebens muss er noch einmal eine Revolte, die den Thron bedroht, abwehren.
Dann trifft er die Nachfolgeregelung, in der er bestimmt, dass Salomo, der Sohn Batsebas, nach ihm auf dem davidischen Thron herrschen soll.
Das ist der Augenblick, der in Chagall dieses Bild ausgelöst hat:
Auf seinem Thronsessel sitzt der alte König, bekleidet mit einer Art Staatsgewand, mit Krone und Kette und mit Ringen an den Fingern.
Die Hände hat er in den Schoß gelegt, den Kopf leicht zur Seite geneigt; mit wachem Auge in einem von Erfahrung geprägten Gesicht schaut er in weite Fernen, vielleicht mit der Frage, wie alles weitergehen wird in der Geschichte Gottes.
Das königliche Rot-Violett bedeckt noch ganz die Gestalt Batsebas, die vor ihm steht mit Kette und kleinem Diadem.
Aber auf der Gestalt Davids wird das Rot bereits vom Goldgelb überzogen, das ihn unter dem Lichtglanz Gottes für alle Zeiten herrlich gemacht hat.

20/100

M. Ch.

Jhwh erschien dem König Salomo nachts im Traum und forderte ihn auf: Sprich eine Bitte aus, die ich dir gewähren soll!
Salomo antwortete: Du hast meinem Vater David große Huld erwiesen, denn er lebte vor dir mit aufrichtigem Herzen. Doch ich bin noch sehr jung und weiß nicht, wie ich mich als König verhalten soll. So gib deinem Knecht ein hörendes Herz, damit er dein Volk zu regieren und das Gute vom Bösen zu unterscheiden versteht!
Gott antwortete ihm: Weil du darum gebeten hast und nicht um langes Leben, Reichtum oder den Tod deiner Feinde, sondern um Einsicht, um gerechte Entscheidungen zu treffen, werde ich deine Bitte erfüllen.

1 Kön 3,5-12

Ein junger Mann liegt im unteren Bildteil entspannt in Schlaf versunken auf seinem nächtlichen Lager, nur durch die Krone neben sich als König kenntlich gemacht.
Es ist Salomo, der Nachfolger Davids, der seinem Vater in Bekanntheit kaum nachsteht. Mit dem Beinamen „der weise Salomo" ist er von diesem ersten Traum zu Beginn seiner Herrschaft bis in unsere Tage, etwa in dem Text Bert Brechts: *„Ihr saht den weisen Salomon, ihr wisst, was aus ihm wurd'..."*, als Symbol für den Weisheitslehrer bekannt. „Das Buch der Sprichwörter", „Kohelet", „Die Weisheit Salomos" und auch das „Hohelied" tragen seinen Namen.
Chagall wählt aus den vielen Salomo-Geschichten die Traumberufung aus und stellt sie an den Anfang:
Nicht von sich aus hatte Salomo Weisheit, sondern Gott hat sie ihm gewährt.
Fast drei Viertel der Bildfläche nehmen den Platz ein für die dreifache Darstellung jener anderen Dimension, aus der dem König „ein hörendes Herz", Einsicht und Unterscheidungsvermögen ‚eingegeben' werden:
Der noch weit über die Bildränder hinaus gehende Lichtkreis ist Zeichen für die Unermesslichkeit jener die sichtbare Schöpfung umschließenden Räume, die sich ‚offenbaren' müssen, wenn sie Menschen ein wenig zugänglich werden sollen. Eine Lichtbahn, die auf den Schlafenden zuführt, mag Zeichen sein, dass ihm Augen für Rätselfragen des Daseins geöffnet werden. Und drittens ist neben den beiden mehr durch die Form bestimmten Zeichen noch eine personale Zuwendung als Bote Gottes sehr groß ins Bild gesetzt, seine eine Hand im Verkündigungsgestus.
Und diese Engelsgestalt trägt auf ihren Flügeln eine Rotfärbung, zu der Chagall dem Salomo das komplementäre Grün gibt: Dieser große Weisheitslehrer ist kein Philosoph, der formale, abstrakte Weisheiten lehrt, sondern er ist ein von dem Gott Israels erhellter, mit ihm in komplementärer Einheit sprechender Mensch.

20/100 M. Ch.

Die Wolke und die Herrlichkeit Jhwhs füllte den Tempel, als Salomo vor den Altar Jhwhs trat und seine Hände zum Himmel ausbreitete und betete:
Jhwh, Gott Israels, es gibt keinen Gott, der so wie du die Bundestreue seinen Knechten bewahrt, die ungeteilten Herzens vor dir leben.
Deinem Knecht David, sagtest du: Es soll dir nie an einem Nachkommen auf dem Thron fehlen, wenn nur deine Söhne ihren Weg so gehen, wie du es getan hast.
Siehe, selbst der Himmel und die Himmel der Himmel fassen dich nicht, wieviel weniger dieses Haus, das ich dir gebaut habe.
Achte, Jhwh, mein Gott auf das Flehen deines Knechtes und deines Volkes Israel, wenn sie hier beten!
1 Kön 8, 10f.,22f.25,27,30

Eine über die ganze Höhe und Breite des Blattes gehende majestätische Säulenhalle ist so gezeichnet, dass sie den Betrachter geradezu zum Teilnehmer an diesem bis heute geschichtsbestimmenden Ereignis macht.
Der von Salomo gebaute Tempel, als Symbol für überirdische Schönheit beschrieben, ist Maßstab geblieben, z. B. auch noch für die Kathedrale von Chartres.
In vielen Psalmen besungen als das Haus Jhwhs, des Ewigen, Stätte des priesterlichen Dienstes für Israel und stellvertretend für die Völker, Zufluchtsort der Beter, Sehnsuchtsziel für fern Wohnende.
Dieses wunderbare Heiligtum ist nicht vom Himmel herabgesenkt worden. Es ist auf Anordnung Gottes von David vorbereitet und unter Salomo gebaut worden. Den Frommen immer von neuem Anlass zu ungläubigem Staunen.
Und nun stellt Chagall den Betrachter unter die Menge der Festteilnehmer, die gewürdigt sind, Augen- und Ohrenzeuge beim Tempelweihgebet Salomos zu sein.
Der König kniet und spricht mit ausgebreiteten Armen das Gebet vor einem Altar mit den beiden Zeichen darauf, die das Leben Israels bestimmen: die Tafeln mit dem Gottesgesetz und der Menora-Leuchter, der für den Priesterdienst steht.
Den unteren Tempelraum füllen ergriffene, singende Menschen. Im oberen Raum antwortet ein Schofar blasender Engel. Hinter ihm das Dunkel der Unnahbarkeit Gottes, aus dem Glanzstrahlen der göttlichen Herrlichkeit hindurchbrechen und als Goldgelb den Brustumhang des Königs aufleuchten lassen.
„Gott will im Dunkel wohnen", sagt Salomo in dem Gebet. Chagall mag darüber hinaus mit dieser von der Sinai-Offenbarung her bekannten Wolke des Schutzes den Zusammenhang hergestellt haben zwischen den beiden Säulen israelitischen Dienstes für Gott: Tora vom Sinai und Tempel in Jerusalem.
So mag sich die grüne Einfärbung der beiden Gesetzestafeln auf dem Altar erklären: *„Die Tora ist zum Leben gegeben."*
Das Rot-Violett hebt die Schönheit der Säulen hervor: *„Wie schön sind deine Wohnungen, Jhwh Ewiger!"*

20/100

M. Ch.

Die Königin von Saba hörte vom Ruf Salomos. Sie kam nach Jerusalem mit großem Gefolge, mit Kamelen und Geschenken, um den König mit Rätselfragen auf die Probe zu stellen. Sie redete mit Salomo über alles, was sie sich vorgenommen hatte. Salomo gab ihr Antwort auf alle Fragen.
Als nun die Königin die tiefe Weisheit Salomos erkannte und den Palast sah und den Tempel, da stockte ihr der Atem. Sie sagte: Was ich in meinem Land über dich und deine Weisheit gehört habe, ist wirklich wahr.
Gepriesen sei JHWH, dein Gott, der an dir Gefallen fand und dich auf den Thron Israels setzte.
1 Kön 10, 1-7,9

Das Bild lässt den Betrachter die Ankunft der Königin aus dem weit entfernten Land Saba miterleben, wie sie gerade über den rechten Bildrand her erscheint. Auf dem Kopf die Krone, bekleidet mit einem zarten rosa Gewand, sitzt sie vor einem Baldachin auf kostbarem Teppich, getragen von ihrem Reitkamel.
Unter einem hohen Himmel erscheint das eindrucksvolle Portal des Palastes, vor dem Salomo mit einladender Geste die durch ihre Weisheit berühmte Königin erwartet. Und sie blickt gespannt dem sagenhaften Weisheitskönig entgegen.
Innerhalb der 105 Radierungen des Zyklus BIBLE ist dieses Bild das einzige, das wegen der äußerst zarten Linienführung auf hellem Grund fast entmaterialisiert wirkt, ganz in Einklang mit seinem Thema „Weisheit". Dem entspricht auch das von herrscherlicher Machtdemonstration wie Burgmauern, Zinnen oder Türmen freie Portal des Palastes.
Seine Höhe und Schönheit lassen schon von außen her ahnen, was einen in dieser Salomonischen ‚Akademie für internationalen Austausch über Natur- und Menschenkenntnis' erwarten mag.
Ja, die Bibel hält fest: *„Gott gab Salomo Weisheit in hohem Maß"*, *vergleichbar der „Weisheit der Söhne des Ostens und Ägyptens. Von allen Völkern kamen Leute, um die Weisheit Salomos zu hören. Er verfasste dreitausend Sprüche und die Zahl seiner Lieder betrug 1005"*. Er redete über *„Anfang, Ende und Mitte der Zeiten, den Wechsel der Sonnenwenden, den Kreislauf der Jahre und die Stellung der Gestirne, die Natur der Lebewesen und die Wesensart der wilden Tiere, die Gewalt der Geister und die Gedanken der Menschen ..."*
„Hast du alles gehört, so lautet der Schluss: Fürchte Gott und achte auf seine Gebote! Das ist alles, was der Mensch braucht. Denn Gott wird jedes Tun vor das Gericht bringen, wo über alles Verborgene geurteilt wird, es sei gut oder böse."
Die goldgelbe Farbe auf dem Gewand des Königs und im Tympanon seiner ‚Weisheitsakademie' mag Chagall gesetzt haben in Verbindung mit den Segensworten, mit denen sich die Königin von ihm verabschiedet. „Gepriesen sei JHWH, dein Gott, der an dir Gefallen fand und dich auf den Thron Israels setzte."

20/100

Der König Salomo ließ einen großen Thron aus Elfenbein anfertigen und mit bestem Gold überziehen. Sechs Stufen führten zum Thron hinauf. An seiner Rückseite war der Kopf eines Jungstiers, und zu beiden Seiten des Sitzes befanden sich Armlehnen. Zwei Löwen standen neben den Lehnen und zwölf zu beiden Seiten der sechs Stufen.
Dergleichen ist noch für kein Königreich geschaffen worden.
1 Kön 10,18-20

Da sitzt der nach Saul und David dritte König Israels auf seinem Thron.
Chagall hat viele Zeichen und Farben gewählt, um die ungeheure Macht- und Prachtentfaltung Salomos, wie die Bibel sie über elf Kapitel schildert, sinnfällig zu machen.
Die Stufen, die hinaufführen zum Herrscher, der Teppich, der hohe Thronsessel, wie er fast in einer Art Apsis steht, mit von Säulen gegliederter Wandführung. In der Höhe eine Art Tympanon mit Löwenformen und im Zentrum der Davidsstern. Lebendige Löwen aber neben dem Thron, und andere Löwen beim Aufstieg zum Thron.
Im Zentrum des Bildes der herrscherlich thronende König im vollen Ornat mit königlichem Gold, tiefrotem Prunkkoller, auf dem eine doppelreihige Kette liegt. In den Händen Weltkugel und Zepter, und schließlich über fürstlich geordnetem Haar die Krone. Würdevoll und erhaben in Haltung und Gesichtsausdruck hat Chagall ihn gezeichnet, wie die Phantasie Israels ihn immer wieder gern vorstellt.
Die beiden Seitensäulen finden über ihrem Kapitell noch eine sie auffällig übersteigernde Fortsetzung.
Es ist nicht ausgeschlossen, dass Chagall die in der Phantasie der Textschreiber sich überbietende Beschreibung der Herrlichkeit Salomos auf diese Weise mit einer ironisch-kritischen Randbemerkung versieht.
Denn einmal ist die wunderbare vierzigjährige Friedenszeit von Salomo zwar genutzt worden, um Israel zu einer außerordentlichen kulturellen und wirtschaftlichen Blüte zu bringen mit dem Ausbau Jerusalems, mit Hafen- und Festungsstädten – doch in bescheideneren Grenzen als die Hofdichtung es ausschmückt.
Aber Chagall weiß auch, dass sich gegen diese von ganzen Sklavenheeren geschaffene ‚Blüte' der prophetische Protest erhob: So hatte es Gott mit der Erwählung Israels nicht gemeint! *„Ich habe euch herausgeführt aus dem Sklavenhaus und euch gute Weisungen für das Leben gegeben: Versklavt andere nicht! Handelt am Schwachen so, wie ich an euch gehandelt habe, als ich euch in die Freiheit führte!"*
Aber der Protest nützte nichts. In der Tat zerfällt am Ende der Regierung Salomos das einheitliche Reich bereits in die beiden Teile von Nord- und Südreich, von Israel und Juda.

20/100

M. Ch

Das Wort Jhwhs *erging an Elija: Mach dich auf und geh nach Sarepta. Ich habe einer Witwe befohlen, dich zu versorgen.*
Nach einiger Zeit erkrankte der Sohn der Witwe, bis kein Atem mehr in ihm war. Elija nahm den Knaben von ihrem Schoß und legte ihn im Zimmer, in dem er selbst wohnte, auf das Bett. Dann rief er zu Jhwh: Jhwh Ewiger, *mein Gott, lass doch das Leben in diesem Knaben zurückkehren!*
Jhwh *erhörte das Gebet Elijas. Das Leben kehrte in den Knaben zurück, und er lebte wieder auf. Elija gab ihn seiner Mutter mit den Worten: Siehe, dein Sohn lebt.*
1 Kön 17,8,9,17,19,21-23

Ein totes Kind wird durch Elija zum Leben erweckt und seiner Mutter zurückgegeben. Es ist die erste Geschichte von einer Totenerweckung in der Bibel.
Dreifach gestaffelt scheint dieses Bild aufgebaut:
Das langgestreckte Bett mit Fuß- und Kopfende und darin der erstarrte Körper des Knaben.
Starkbewegt davor die Gestalt des knienden Elija, der mit ausgebreiteten Armen und nach oben gerichtetem Gesicht Gott anfleht um die Rückkehr von Leben in den Toten.
Schließlich steht – statt einer hinter dem Bett erwarteten Wand der Schlafkammer – dort ein Lichtkreis mit einem zentral gesetzten doppelten Dreieck des Davidsterns und mit dem heiligen Gottesnamen.
Von diesem Zentrum aus verbreitet sich das Licht kreisförmig, zunächst bis auf das Bett des toten Kindes. Dann aber lässt Chagall durch die bogenförmig geführte gelbliche Einfärbung auf den Dielen erkennen, dass dieses Licht den ganzen Raum als die ‚Göttliche Gegenwart' erfüllt, ja, neben Elija scheint es sich in die beiden Farben Rot und Gelb zu verdichten.
Das Gebet dieses Mannes Gottes öffnet der lebendigen göttlichen Wirklichkeit Raum, so dass sich um den Kopf des Erstarrten bereits die Farbe beginnenden oder wiedererwachenden Lebens zu zeigen beginnt.
Mit diesem Bild führt Chagall die Geschichten vom Propheten Elija ein, dessen Auftrag und Geschick in der Bibel anschaulich geschildert werden, der in den Jesusgeschichten ebenso auftaucht, wie er zu einer Lieblingsgestalt in der jüdischen Volksüberlieferung geworden ist.
An Elija wird die Kraft eines ganz aus dem Vertrauen auf Gott lebenden Menschen deutlich, der in wirkungsmächtigem Gespräch mit Gott lebt, der unter Todesgefahr der Versuchung zu jedwedem Götzendienst Widerstand leistet, der die göttliche Zuwendung zu den Schwachen lebendig realisiert.

20/100

Elija trat vor das ganze Volk und rief: Wie lange noch schwankt ihr nach zwei Seiten?
Wenn JHWH der EWIGE der wahre Gott ist, dann folgt ihm! Wenn aber Baal es ist, dann folgt diesem!
Elija trat an den Altar und rief: JHWH, Gott Abrahams, Isaaks und Israels, heute soll man erkennen, dass du Gott bist in Israel und ich dein Knecht bin. Erhöre mich, JHWH, erhöre mich! Dieses Volk soll erkennen, dass du, JHWH EWIGER, der wahre Gott bist, der sein Herz zur Umkehr wendet.
Da kam Feuer JHWHs herab und verzehrte das Brandopfer.
Das ganze Volk sah es, warf sich auf das Angesicht nieder und rief JHWH der EWIGE ist Gott, JHWH der EWIGE ist Gott!

1 Kön 18,21,36-39

Hochgereckt steht Elija da, von Chagall so gezeichnet, wie er in den Texten der Schrift als beispielhaft für die wenigen steht, z. B. für die Propheten, die völlig ergriffen von dem Geist Gottes die Grenzen des Normalen, des sogenannten menschlichen Maßes, überschreiten oder transzendieren.
Auch die Flamme des Opfers lässt Chagall nicht wie eine normale Flamme aufsteigen. Da es ein auf das Gebet Elijas hin „vom Himmel gefallenes Feuer“ ist, lässt Chagall Feuer und Rauch des Opfers auflodern inmitten einer die göttliche Wirklichkeit andeutenden Kreisform aus Licht.
So stehen die beiden Transzendenz-Einbrüche hier neben oder fast ineinander:
Der mit dem enthusiasmierten, das heißt ‚in Gott getauchten‘ Grün bezeichnete Ekstatiker, der mit einem Teil seiner Gestalt in den anderen Transzendenz-Einbruch des göttlichen Feuers eingezeichnet ist.
Winzig klein, fast erschrocken vor der Gewalt des Gottesmannes, sind rechts unten Menschen aus dem Volk zu erkennen. Chagall hat sie mit der zum Grün des Elia-Gesichtes komplementären Rotfarbe gemalt:
Werden sie aus dieser Begegnung mit dem Gottesmann lernen, ihre schwankende Existenzhaltung aufzugeben und dem wahren Gott zu folgen?
Denn das ist der dunkle Hintergrund der Elija-Geschichten: Werden die Menschen des Volkes Israel weiterhin in Rechttun und barmherzigem Handeln den Geboten des Befreier-Gottes entsprechen? Oder werden sie der Faszination fremder Religionen mit deren Macht- und Überlegenheitswahn erliegen, sowie ihren Legitimierungen von Unterwerfung und Versklavung der Schwächeren?

20/100 M. Ch.

Am Tag, da J*HWH der* E*WIGE den Elija im Sturm in den Himmel aufnehmen wollte, ging Elija mit Elischa von Gilgal fort, und sie kamen an den Jordan.*
Elija sprach zu Elischa: Sprich eine Bitte aus, die ich dir erfüllen soll, bevor ich von dir weggenommen werde! Elischa sprach: Möchten mir doch zwei Anteile deines Geistes zufallen!
Während sie miteinander gingen und redeten, erschien ein feuriger Wagen mit feurigen Pferden und trennte die beiden voneinander. Elija fuhr im Wirbelsturm zum Himmel empor. Elischa sah es und rief laut: Mein Vater, mein Vater! Wagen Israels und sein Lenker!
2 Kön 2,1,7,9,11,12

Elija wird zum Himmel entrückt. Ohne großes Erstaunen wird die Geschichte erzählt: In Gegenwart seines Schülers Elischa „erschien ein feuriger Wagen mit feurigen Pferden und trennte die beiden voneinander. Elija fuhr im Wirbelsturm zum Himmel empor."
„Bei Chagall ist das Übernatürliche natürlich." Dieser Satz seines Dichter-Freundes Apollinaire mag dem Betrachter zu dieser Radierung vielleicht einfallen.
Beide ‚Entrückungs'-Bilder des Textes, „Pferde und Wagen" und „Wirbelsturm", nimmt Chagall wie ganz natürlich auf. Hochaufwirbelndes Gewölk setzt Chagall neben eine mit feiner Strichführung angedeutete Bahn, auf der Elija vor den Augen Elischas entrückt wird. Mit in höchstem Maße verwunderlicher Ruhe steht Elija, offenbar jenseits der Gesetze der Schwerkraft, da. Ein letztes Mal ist er seinem Schüler, beide in gleicher Farbe aufeinander bezogen, zugewandt, während die Pferde mit ihren Köpfen schon den oberen Bildrand durchstoßen und Elija in eine andere Dimension entrücken.
Das Blau mag die Farbe des Himmels bezeichnen, wie er sich ganz natürlich über Elischa und allen Menschen wölbt. Aber die Räume, in denen Elija bereits ist, zeigen mit der irisierend violetten, eben ‚anderen' Farbgebung den Unterschied zum irdischen Himmel.
Dieser zum Himmel entrückte Elija ist für fromme jüdische Lebenspraxis ständige tröstende und herausfordernde Gegenwart. Wie er nicht gestorben, sondern von Gott entrückt worden ist, so wird er von Gott unablässig, meist *als Bettler oder armer Wanderer verkleidet, zur Erde geschickt und bittet am Sabbat um Einlass für ein warmes Mahl und die Tischgemeinschaft.* An jedem Passahabend zur Feier der Befreiung des Volkes aus der Sklaverei steht ein Becher für den Propheten Elija auf dem Familientisch. Und sehnsüchtig wird „Elijahu, Hanawi …!", „Elija, ach, Prophet …!" auch im Lied herbeigerufen – denn er gilt als Vorläufer der messianischen Zeit, in der alles zu seinem endgültigen Ziel kommen wird.
Sabbat für Sabbat hat Chagall von Kind auf in dieser Vergegenwärtigung des Elija in Gestalt eines Bedürftigen „das Übernatürliche" als sozialpraktische Lebenswirklichkeit „natürlich" erfahren.

20/100

Das Wort, das Jesaja in einer Vision über Jerusalem empfangen hat:
Am Ende der Tage wird es geschehen:
Der Berg mit dem Haus JHWHS *steht fest. Viele Nationen machen sich auf und sagen: Kommt wir ziehen hinauf zum Berg* JHWHS *und zum Haus des Gottes Jakobs.*
Er soll uns seine Wege zeigen, auf seinen Pfaden wollen wir gehen.
Denn von Zion geht Weisung aus und das Wort JHWHS *von Jerusalem.*
Er spricht Recht im Streit der Völker. Dann werden sie Pflugscharen schmieden aus ihren Schwertern und Winzermesser aus ihren Lanzen.
Man zieht nicht mehr das Schwert Volk gegen Volk, und übt nicht mehr für den Krieg.
Ihr vom Haus Jakob, kommt, wir wollen leben im Licht des Ewigen!
Jes 2, 1-5
(Vgl. auch Jesaja Kap 1-6).

Auf einem Felsplateau, wie vor einem dunklen Hintergrund, sitzt, fast ganz in Schwarz, zusammengekauert der Prophet Jesaja.
Der übrige Teil des Bildes ist weit und hell. Erkennbar sind unten die Stadt Jerusalem, viele Menschen davor und ein hoher Himmel darüber. Dort verkündet ein majestätisher Engel aus einer mit transzendentem Blau betonten Schriftrolle den Menschen die Weisung Gottes.
Jesaja wurde durch eine Begegnung mit der erschreckenden Wirklichkeit Gottes zu einem ekstatischen Ansager des unbedingten Gottesrechts. Und er erschrak vor der Realität, die sich ihm in Jerusalem zeigte. Auserwählt hatte Gott sein Volk dazu, ein Zeichen zu sein für ein Leben in redlichem Handeln und friedlichem Ausgleich, wo Schwächere, und Ärmere, wie Witwen, Waisenkinder und Fremde nicht unterdrückt, sondern geschützt würden.
Aber nun, im Licht seiner Ekstase, sah er, wie die Mächtigen mit Lüge, Habgier und Unterdrückung das Gottesprojekt Israel aufgegeben hatten zugunsten der Anpassung an das, was in anderen Völkern üblich war.
Als Prophet musste er Gottes Kummer und seine eigene Verzweiflung herausschreien, dass die Machthaber Israels dabei waren, Gott die Hoffnung zu nehmen, es könnte doch noch gut werden mit Israel, mit den Menschen und endlich mit der ganzen Schöpfung.
Vor diesem dunklen Hintergrund politischer Wirklichkeit zeichnet Chagall Jesaja einsam mit seiner Sorge vor dem Unheil, das als Folge des Unrechts eintreten wird.
Und dann hat Jesaja – mit ‚enthusiasmiertem' Grün bezeichnet – eine wunderbare Vision:
Eines Tages wird es anders sein. Eines Tages werden viele Völker herbeiströmen, um sich für ihr Leben Orientierung von der Tora des Gottes Israels zu holen. Sie werden ihre Waffen zerstören und sie zu Friedenswerkzeugen umschmieden. Die alte Weltzeit wird zu Ende sein.
„Ihr aus dem Gottesvolk, lasst nun uns gehen, einhergehen im Lichte des EWIGEN!"
Chagall deutet dieses visionäre Licht mit den Strahlen über Jerusalem und mit dem Goldfeld an.

20/100 M. Ch.

An jenem Tage wird ein Nachkomme aus dem Stamm Davids dastehn zum Zeichen für alle Nationen.
Auf ihm wird ruhen der Geist der Erkenntnis und der Furcht Jhwhs.
Er richtet die Hilflosen und die Armen des Landes, wie es recht ist.
Er vernichtet den Gewalttäter mit dem Spruch seines Mundes.
Dann wohnt der Wolf beim Lamm, der Panter liegt beim Böcklein, Kalb und Löwe weiden zusammen, ein Kind kann sie hüten. Der Säugling streckt seine Hand in die Höhle der Schlange.
Man tut nichts Böses mehr und begeht kein Verbrechen auf meinem ganzen heiligen Berg. Das Land ist erfüllt von der Erkenntnis JHWHS.

Jes 11,10.2.4.6-9

Ein Kreisoval, das über die Bildränder hinausläuft, zeigt den universalen Frieden zwischen Tieren und zwischen Tier und Mensch. Mit einem Segensgestus schwebt am oberen Bildrand der göttliche Engel über Seiner Schöpfung: Es ist alles an sein endgültiges Ziel gekommen.
Ob auf Glasfenstern wie in New York oder in Zürich, ob als Tapisserie wie in der Knesseth in Jerusalem oder in Sarrebourg, ob auf Ölgemälden, Radierungen oder Lithographien – Immer wieder ist Chagall zu dieser Vision Jesajas zurückgekehrt.
In einer Menschenwelt, die Gewalttat und Brudermord weder in der ‚Neandertalerzeit' noch in den ihr folgenden Weltkulturreichen mit ihren Unterwerfungsstrategien je aufgegeben hat, noch sich in ein brüderliches Verhältnis untereinander gewandelt hätte, sieht es so aus, als müsste für immer ‚eins das andere fressen'.
Aber Jesaja ist geprägt von der Geschichtserfahrung seines Volkes, in der Gott seit Abraham und Mose Beispiele gesetzt hatte für ein sich ans Recht haltendes Handeln: Die in allen Menschen mitgeschleppten aggressiven Verhaltensweisen aus der ‚Affenmenschen-Zeit' können eingeschränkt und in Dienst genommen werden durch Orientierung an den Verheißungen und Weisungen Gottes.
Jesaja sieht für die Vollendung der Schöpfung als Ziel, dass es keine Angst einer Kreatur vor der anderen mehr geben wird.
Chagall selbst blickt in diesem Jahrhundert der Menschenzerstörung zurück auf den Sabbatfrieden in seinem Elternhaus und in seiner Gemeinde und kann seine Juden so malen, wie Elie Wiesel sie beschreibt:
„Rührend in ihrer Einfalt, wussten sie, was anbetende Liebe war. Und Vertrauen. Heiter gaben sie und empfingen sie. Sie verstanden es, zu teilen und teilzunehmen. In ihrer Gemeinde litt kein Bettler am Schabbat Hunger. Trotz ihres Elends, trotz der ständigen Bedrohung, die über den Häuptern ihrer Kinder und Alten schwebte, forderten sie nichts, verlangten sie nichts, von niemandem, auch nicht von ihrem Nächsten; sie glaubten nicht, dass ihnen alles zustünde."
Aus solcher Erfahrung malt Chagall sich hinein in die Vision Jesajas.

20/100

M. Ch

Das Wort Jhwhs erging an Jeremia in Jerusalem:
Diese Stadt wird dem Heer des Königs von Babel in die Hände fallen, und er wird sie erobern. Wer in dieser Stadt bleibt, der stirbt durch Schwert, Hunger und Pest. Wer aber zu den Feinden hinausgeht, der wird überleben und davonkommen.
Da sagten die Obersten: Dieser Mann muss getötet werden, er lähmt ja mit solchen Worten die Verteidiger der Stadt. Er sucht nicht Heil sondern Unheil für dieses Volk.
Sie ergriffen ihn mit Zustimmung des Königs Zidkija und warfen ihn in die Zisterne im Wachthof. Man ließ ihn mit Stricken hinunter. In der Zisterne war Schlamm, und Jeremia sank in den Schlamm.

Jer 38,3,2,4-6
(Vgl. auch Jeremia Kap 1-45).

Einen einsamen, gefesselten Mann hat Chagall vor ein helles Lichtband gesetzt. Barfuß und auf Knien scheint er in sich zusammenzusinken. Mit tiefen Falten auf der Stirn, mit sinnendem Auge und leicht geöffnetem Mund ist sein Kopf gesenkt.
Es handelt sich hier um einen der Höhepunkte in der ausführlichsten Passionsgeschichte eines einzelnen Mannes in der Bibel. Schon in sehr jungem Alter wurde Jeremia aus seinen Lebenszusammenhängen in einer Priesterfamilie herausgerissen. Ein Anruf des Unsichtbaren, der kein widerstrebendes Flehen gelten ließ, machte ihn zum drängenden Warner und schließlich Unheilsverkünder gegen vertragsbrüchiges Handeln des Königs, gotteslästerliches Reden der Priester, nutzlose Ratschläge von Weisen und kritiklose Verkündigungen von Propheten angesichts einer das Recht beugenden Gesellschaft.
Einsam, mit den ihm von Gott gegen die eigenen Leute aufgezwungenen Mahnworten und Drohungen, musste er alle familiären und freundschaftlichen Bindungen zerreißen und sah sich schließlich ins Unglück gestoßen. Inmitten von Verleumdungen, Misserfolgen und Foltern kann er zu Gott schreien: *„Weh mir, Mutter, dass du mich geboren! … Du hast mich betört, o Ewiger, dein Wort den Leuten zu sagen, die es nicht hören wollen, so dass ich zum Gespött geworden bin! Und doch – hätte ich gesagt: Ich will nicht mehr an Ihn denken, nicht mehr in Seinem Namen sprechen, so war es mir, als brenne in meinem Herzen Feuer … Immer wieder wurde Dein Wort meines Herzens Freude und Trost."*
In der Radierung lässt Chagall das herausragende Schicksal Jeremias aufscheinen, lässt die von keinem Leid zerbrochene Gebundenheit an Wort und Gegenwart des Ewigen erkennen und damit etwas von der Präsenz des Absoluten erahnen.
So gibt Chagalls Bild es wieder: Jeremia, gefesselt in eine Zisterne geworfen, kniet im Schlammboden Und da: Ein un-‚natürliches' Lichtband hinterfängt ihn, und ein im Dunkel angedeuteter Engel streckt tröstend seinen Arm nach ihm aus.
Mit Farbflecken verdeutlicht Chagall das Rot der göttlichen Hilfe und das Grün des mit Gott verbundenen Jeremia.

20/100 M. Ch.

Das Wort Jhwhs durch Jeremia: Ich selbst kämpfe gegen euch. Ich schlage die Einwohner dieser Stadt Jerusalem. Und danach liefere ich Zidkija, den König von Juda, in die Hand Nebukadnezzars, des Königs von Babel.
Nebukadnezzar rückte mit seinem Heer gegen Jerusalem. Der König Zidkija ergriff die Flucht. Aber die feindlichen Truppen holten ihn ein und brachten ihn vor den König von Babel. Der ließ die Söhne Zidkijas vor seinen Augen erschlagen, Zidkija ließ er blenden, in Fesseln legen und nach Babel bringen.
Die feindlichen Truppen eroberten Jerusalem, steckten den Tempel an und brannten alle Häuser Jerusalems nieder. Das Volk aber führten sie ins Exil.
Jer 21,4-7; 2 Kön 25 1,4-9,11

Unabwendbare Bedrohung von oben und vollzogener Untergang im unteren Raum des Bildes sind die beiden auffälligen Akzente. In der Mitte die Stadt Jerusalem.
Die noch weit über den oberen Bildrand hinausreichende Schreckensgestalt eines Engels, mit Rotviolett-Färbung seiner Flügel, hält *in starker Hand und ausgerecktem Arm* die flammende Fackel, mit der er die Stadt Gottes in Brand gesteckt hat.
Aus der Stadt heraus aber zieht in langem Zug der Rest des Gottes-Volkes, eskortiert auf beiden Seiten von Schwert oder Speere tragenden Soldaten des babylonischen Siegerkönigs Nebukadnezzar. Leichen liegen am Wege der Deportierten, herrenlose Tiere irren umher.
Ganz vorn im Zug der König Zidkija, noch mit Krone, seine beiden Söhne, letzte Nachkommen Davids, vor sich herführend. Sie alle blicken verzweifelt nach unten. Hinter ihnen ist der Rest des ehemaligen Davidreiches aus der Geschichte weggewischt: Jerusalem, die Stadt Gottes mit seinem Tempel ist nur noch ein verödetes, rauchendes Ruinenfeld. Sollte Marduk, der oberste Gott der Babylonier, sich als die stärkste Gottheit erwiesen haben?
Ein einziger Mann stellt sich auf Chagalls Bild gegen den ganzen Zug der Menschen. Groß reckt er seine beiden Arme empor und zeigt mit den Händen hin zu dem Engel der Zerstörung:
Nicht Marduk! Er, Gott selbst, hat ein Ende gesetzt, wie die Propheten bis zu Jeremia hin es warnend angekündigt hatten. Er hat sein Experiment abgebrochen. Ihr wolltet so sein wie die andern Völker auch. Aber von denen mit Überlegenheitsdrang, Raffgier, Unterdrückung gibt es genug. Mit euch sollte das Neue beginnen: „Mit starker Hand und ausgerecktem Arm“ hat Er euch aus dem Sklavenhaus Ägypten geführt, euch aus Unterdrückung, Fron und Qual befreit und euch aufgefordert, am anderen Schwachen jeweils ebenso zu handeln, wie er an euch in Ägypten gehandelt hat.
Ihr habt die Worte seiner prophetischen Boten verlacht.
Nun hat er ein Ende gemacht.
Nach euch aber wird er ein Neues anfangen. Chagall bringt das durch den Goldglanz zum Ausdruck, der angesehen werden kann als die aus der heiligen Stadt *„wegziehende Herrlichkeit Gottes“*.

20/100

M. Ch.

Ich bin der Mann, der Leid erlebt hat von JHWHS Grimm.
Wehe, wie einsam sitzt da, die einst volkreiche Stadt! Sie weint und weint des Nachts, Tränen auf ihren Wangen.
Er, JHWH EWIGER, ist im Recht. Ich habe seinem Wort getrotzt.
Deine Propheten schauten dir Lug und Trug. Deine Schuld haben sie nicht aufgedeckt, um dein Schicksal zu wenden.
Wie ein Feind ist JHWH geworden, Israel hat er vernichtet.
Schrei laut zu JHWH, heule Tochter Zion! Wie einen Bach lass fließen deine Tränen Tag und Nacht!
Darauf will ich harren:
JHWHS Erbarmen ist nicht zu Ende. Neu ist es an jedem Morgen. Deine Treue ist groß.

Klagelieder 3,1; 1,1f.,18; 2,14,5,18; 3,21f

Das gesamte Bildformat wird ausgefüllt vom Kopf eines Mannes, dessen Hand eine Träne aus dem Auge zu wischen scheint. Das von Haaren und Bart umflossene Gesicht mit den Falten auf der Stirn, die geschlossenen Augen und der geöffnete Mund sind Ausdruck von Schmerz, Klage und Weinen.
Die „Klagelieder" blicken zurück auf den Untergang der Heiligen Stadt und auf die Deportation des Volkes in die Fremde. „Zion" und dem „Mann, der Leid erlebt hat ..." wird in diesen Liedern Klage und Aufschrei in den Mund gelegt.
Chagall setzt den Betrachter direkt und unvermittelt diesem weinenden alten Mann aus. Der Betrachter der Radierung wird in einen intimen Raum mit dem Klagenden hineingenommen, so dass ihn die Ungeheuerlichkeit der Klage selbst ergreift.
Bei der Kolorierung verwendet Chagall die beiden Farben, die in Korrespondenz zueinander stehen:
das Gold immer wieder als Abglanz des göttlichen Lichtes oder seiner den Menschen begleitenden Gegenwart,
das Grün hier nur wie ein Hauch auf dem Bart, als Andeutung einer trotz allen Schreckens nicht zerbrochenen Verbindung mit Gott.

20/100

Tröstet, tröstet mein Volk!, spricht euer Gott. Redet Jerusalem freundlich zu und verkündet ihr, dass ihre Schuld beglichen ist.
Eine Stimme ruft: Bahnt für JHWH einen Weg durch die Wüste! Die Herrlichkeit JHWHS soll offenbar werden, alle Menschen werden sie sehen. Der Mund JHWHS hat es gesprochen.
Eine Stimme ruft: Verkünde!
Ich fragte: Was soll ich verkünden? Alles, was lebt, ist wie Gras, wie die Blume auf dem Felde. Das Gras verdorrt, die Blume verwelkt, wenn der Hauch JHWHS darüber weht.
Ja, wie Gras ist das Volk. Das Gras verdorrt, die Blume verwelkt.
Aber das Wort unseres Gottes bleibt in Ewigkeit.

Jes 40,1-3, 5-8

Die Gegensätze, von denen her das Bild aufgebaut, inhaltlich gestaltet und schließlich koloriert ist, erzeugen eine vielfache Spannung:
Im unteren Bildraum lässt sich eine Bergkuppe erkennen, auf der eine Männergestalt kauert, eingehüllt in schwarzes Trauergewand. Die Arme des Mannes lassen seine verschlossene Haltung erkennen. Vielleicht wird er den Umhang gleich noch völlig über das Gesicht ziehen. Seine Augen starren hoffnungslos ins Leere, und das Buch hat er zur Seite gelegt.
Über ihm im Lichtraum schwebt in leichter Umrisszeichnung eine helle Engelgestalt, in fast barocker Bewegtheit und in leuchtend roter Farbe koloriert. Das Gesicht mit den großen Augen und dem fröhlich geöffneten Mund ist voll Zeichen des Jubels. Auf den Grund dieses Jubels scheint seine rechte Hand zu zeigen, die weit ausgestreckt zu einem Lichtkreis führt, in dem der Gottesname zu erkennen ist.
Wieder hat Chagall den Kreis mit dem Gotteslicht über den Bildrand hinausreichen lassen, unbegrenzbar durch irdische Maße. Aber auffälliger Weise ist der Gottesname יהוה hier zweifach anders geschrieben als auf allen übrigen Bildern des Zyklus BIBLE.
Er ist seitenverkehrt, spiegelbildlich, wie ein Vexierbild. Und er ist mit hohlen Buchstaben geschrieben.
Der Engel mag ihn von seiner Seite aus unverstellt vor sich haben. Aber für den Mann da unten ist er nicht mehr zu entziffern, ist er ein hohles, leeres Wort aus ferner Vergangenheit. In überraschender Weise fängt Chagall durch dieses eine Zeichen die verzweifelten Fragen ein, die der deportierte Rest Israels im babylonischen Exil stellt.
Und er setzt die Szene ins Bild, in der dieser trauernde, der namenlose Prophet, den wir Deutero-Jesaja nennen, durch eine Auditions-Offenbarung völlig verändert wird, wie das zu jenem Rot des Engels komplementäre Grün andeutet.
Er ist Ohrenzeuge, wie in den ‚oberen Räumen' ein Engel anderen Engeln die Anweisung Gottes zuruft: „Tröstet, tröstet mein Volk! Das Exil ist zu Ende. Neues beginnt!"
Wieder ist es die Begegnung mit dem Anruf aus ‚anderen Räumen', die einen Menschen aus der Erstarrung reißt.

30/100

M Ch.

Ich saß unter den Verbannten am Fluss Kebar.
Der Himmel öffnete sich. Ich sah eine Erscheinung Gottes: Eine große Wolke, umgeben von hellem Schein, wie glänzendes Gold.
Mitten darin wie vier Lebewesen. Sie sahen aus wie Menschen. Jedes hatte vier Gesichter und vier Flügel. Unter den Flügeln hatten sie Menschenhände. Ihre Gesichter sahen ungefähr so aus: ein Menschengesicht, ein Löwengesicht, ein Stiergesicht und ein Adlergesicht.
Mit zwei Flügeln berührten sie einander, mit zwei bedeckten sie ihren Körper.
Oberhalb von ihren Köpfen war etwas, das einem Thron glich, auf dem saß einer, der aussah wie ein Mensch.
Als ich diese Erscheinung sah, fiel ich nieder auf mein Gesicht. Und ich hörte, wie jemand redete.
Ez 1,1,4-6,8,10f,26,28

Vor nachtschwarzem Bildhintergrund stehen in einem großen, hellen Lichtkreis vier rätselhafte Gestalten, die wie eine zusammengehörende Einheit wirken.
Sie haben mit ihren Händen menschliche Züge und sind doch als Löwe, Adler, Stier und Mensch zu unterscheiden. Je zwei Flügel begegnen sich gegenseitig über ihren Köpfen, andere bedecken ihren Körper. An der unteren Seite des Lichtkreises, direkt unter den Gestalten, züngeln Flammen wie aus einer Feuerglut mit gelbem und rotem Schein empor.
Chagall nimmt von dieser geheimnisvollsten Vision der Hebräischen Bibel, die wichtiger Ausgangspunkt für die jüdische Mystik geworden ist, nur Teile und diese in Vereinfachungen auf.
Chagall gibt beispielsweise nicht jedem der Tiere ein vierfältiges Antlitz, sondern zeigt Löwe, Adler, Stier und Mensch als je einzelne Gestalt. In dieser Form ist diese Vision auch in die Offenbarung des Johannes eingegangen und sind diese Wesen zu Symbolen der vier Evangelisten geworden.
Auf dem Boden liegt in der Fremde der babylonischen Verbannung, niedergeschmettert von dieser überwältigenden Erscheinung, der Prophet Ezechiel.
Geheimnisvoll und erhaben enthüllt sich ihm, mit dem Blick in die Herrlichkeitsräume Gottes, der zusammenhaltende Ursprung alles Geschehens, auch des Geschichtslaufs für das Gottesvolk, selbst über die Brüche von Katastrophe und Exil hinweg.
Dem Bild wie dem Text wird jeder Leser die Erregung abspüren, mit der Ezechiel hier stammelnd Worte zu finden versucht für den sich nach und nach vor ihm entfaltenden Prozess von Erscheinungen aus der ‚anderen Welt'. Chagall hat diese feuerartige Lichterscheinung goldgelb, weiß und in differenziertem Rot koloriert, in das der Prophet mit hineingenommen scheint.
Mit dem Satz *„So etwa erschien die Herrlichkeit des Ewigen"*, schließt der *Visions*-Teil von Ezechiels Berufung zum Propheten.
Und dann hört er den Befehl: *„Steh auf, Mensch, ich will mit dir reden!"*

20/100

M. Ch.

Er sagte zu mir: Mensch, höre, was ich zu dir sage! Öffne deinen Mund und iss, was ich dir gebe! Und ich sah: Eine Hand war ausgestreckt zu mir hin; sie hielt eine Buchrolle. Er rollte sie vor mir auf: Sie war innen und außen beschrieben, und ihr Inhalt war: Klage, Seufzen und Wehe.
Er sagte zu mir: Mensch, iss, was du vor dir hast! Iss diese Rolle! Dann geh und rede zum Haus Israel! Ich öffnete meinen Mund, und er ließ mich die Rolle essen. Er sagte zu mir: Mensch, fülle dein Inneres mit dieser Rolle, die ich dir gebe!
Ich aß sie, und sie schmeckte süß wie Honig.

Ez 2, 8-10: 3,1-3

Die Überwältigung Ezechiels durch Gott und seine Berufung zum Gerichtspropheten über Israel hat Chagall aus dem biblischen Text in diese Radierung übersetzt.
In der linken oberen Bildecke, gerade noch ins Bild ragend, sind die Umrisse einer Wolke zu erkennen, aus der heraus Arm und Hand Gottes eine Schriftrolle herabreichen. Mehr als zwei Drittel der Bildfläche ordnet Chagall diesem Vorgang, wie von goldfarbenem göttlichen Licht überschienen, zu und zeigt die Rolle, beschrieben „von vorn und von hinten", wie es im Bibeltext heißt. „Und die Rolle war beschrieben mit Klage, Seufzen und Wehe".
Nur am unteren Bildrand ist mit Kopf und beiden Armen der Prophet, in abwehrender Geste, aufgenommen. Er beugt sich, den Kopf weit in den Nacken gelegt, zurück. Der Mund und das eine Auge sind erschrocken geöffnet, das andere scheint wie geblendet. Arme und Hände drücken Hilflosigkeit aus gegen das ihm Zugemutete:
„Mensch, iss, was du vor dir hast! Iss diese Rolle!"
Arm und herabreichende Hand sind aus Chagalls Bild von der Offenbarung am Sinai in Erinnerung, wo Gott aus der Wolke heraus dem Mose die beiden Tafeln mit den An-Geboten Gottes zureicht, die glückendes, gesegnetes Leben ermöglichen können. Hier aber wird einem Menschen zugemutet, eine Rolle zu verschlingen, die vollgeschrieben ist mit Klagen darüber, dass Gottes Volk jene An-Gebote verschmäht hat. ‚Verinnerlichen' soll Ezechiel diese Klagen, dieses Seufzen und den Schmerz Gottes. Und dann soll er es seinem Volk ‚widergeben'.
„Ich aß sie, und sie schmeckte süß wie Honig", heißen die Worte, mit denen Ezechiel, von Chagall mit jenem enthusiasmiertem Grün koloriert, als in tiefes Einverständnis ‚in Gott getaucht', plötzlich verwandelt an seinen Auftrag geht.
Ezechiel wird als sogenannter Gerichtsprophet geschickt, die Vergehen zu benennen, und anzukündigen, dass Tätern nicht erspart werden wird, die Folgen ihres Tuns ertragen zu müssen.
„Süß wie Honig" aber ist dies: Dass Er, JHWH EWIGER sein Wort weiterhin schickt und in die bitteren Folgen von Schuld und Vergehen, in das Exil, hin mitgeht!
Mit diesem Blatt beendet Chagall sein Werk BIBLE.

20/100 M. Ch.

Quellenangaben
zu den kursiv gesetzten Zitaten im Text.

Seite 7
„Die Engel um Gott …“: Midrasch Ber. rabba 8,5
Zum Sabbattisch: Bella Chagall: Brennende Lichter, rororo Nr. 1223, Hamburg 1969, S. 34ff. und Marc Chagalls Zeichnungen dazu, S. 43 und 41 (so die richtige Reihenfolge der beiden Bilder, wie in der Originalausgabe). *Zur Mutter*: Marc Chagall: „di muter“ in „de goldene keyt“, Tel Aviv 1967, Heft 60, S. 91f. (In der französischen Übersetzung „Dans ma mémoire“ leider stark gekürzt, in „Poèmes“ Genf 1975, S. 37f.).

Seite 11
„Meinen Bogen setze ich …“: Vgl. Gen 9,15; 8,21; 9,5f.

Seite 15
„Eine vierte, eine fünfte …“: Marc Chagall in: Roy McMullen: Marc Chagalls Welt, Stuttgart 1968, S. 198. Schmalenbach/Sorlier: Marc Chagall, Berlin 1978, S. 52, 54. Marc Chagall: Mein Leben, Stuttgart 1959, S. 113ff.
„konstruieren“: Franz Meyer: Marc Chagall, Köln 1961, S. 15, 542ff.
„Wie Abraham Isaak …“ Vgl. Gerhard von Rad: „Das Opfer des Abraham“, München 1971; Willem Zuidema: „Isaak wird wieder geopfert“, Neukirchen 1987; Verena Lenzen: „Jüdisches Leben und Sterben im Namen Gottes“, München 1995.

Seite 19
„Wenn Gott …“: Marc Chagall: „Sur l'échelle de Jacob“, in „Poèmes“, Genf 1975, S. 95f.
Vgl. dieses Thema besonders in: „Message Biblique Marc Chagall“, Bild 4: „Noa und die Sintflut“, dazu Christoph Goldmann: „Bild-Zeichen bei Marc Chagall“, Göttingen 1995, Bd. II, S. 77ff.

Seite 21
„Ihr Schweigen ist mein Schweigen …“: Marc Chagall: Mein Leben, Stuttgart 1959, S. 73f.

Seite 27
„Nicht ich, sondern Gott …“: Gen 41,16.

Seite 29
„Ich möchte mit meinen Bildern eine psychische Dimension …“: Marc Chagall: Mein Leben, Stuttgart 1959, S. 100, 113.
Franz Meyer: Marc Chagall, Köln 1961, S. 542ff.
Werner Haftmann, Marc Chagall, Köln 1975, S. 10f.
„Unsere ganze Innenwelt ist Realität …“: Marc Chagall in: Roy McMullen: Marc Chagalls Welt, Stuttgart 1968, S. 198.

Seite 31
„Bat-Jah …“: 1. Chr. 4,18: „Bithja, die Tochter Pharaos“ (von Bath-Jah).

Seite 37
„Durch wieviele ‚Meere‘ …“: Vgl. dazu die drei ‚Mose‘-Gedichte von Marc Chagall, in „de goldene kejt“, Tel Aviv, in der Reihenfolge ihrer Entstehung:
„main volk“(1940–45), Heft 60, 1967, S. 99f.
„far di kinstler kedoschim“ (Für die jüdischen Künstler, die in den Todeslagern den Namen Gottes mit ihrem Tode geheiligt haben) (1950), Heft 60, 1967, S. 98.
„zwej toisend jor“ (1955–60), Heft 9, 1951, S. 9.
In der französischen (an manchen Stellen leicht geänderten) Übersetzung „Poèmes“, Genf 1975: „Sans larmes“, S. 79; „Pour les Artistes Martyrs“, S. 99ff., „Sur le pays neuf“, S. 85.

Seite 39
„… auch dein Knecht …“: Ex 20,10; Dn 5,14.

Seite 41
„… nach David steigt unser Mose herab …“: Marc Chagall: Far de kinstler kedoschim, in: „de golden kejt“, Heft 60, Tel Aviv 1967, S. 100.

Seite 43
„Mose ist die Quelle …“: Franz Meyer: Marc Chagall, Köln 1961, S. 508.
„Niemals wieder …“: Dn 34,10.
„… eine einwohnende …“: Lev 26,11ff; Ex 25,8; 29,45f.
„Gott wohnt …“: Martin Buber: Die Erzählungen der Chassidim, Zürich 1949, S. 784f.
„Mose empfing die Tora …“: Sprüche der Väter (Pirque Awoth) 1,1.

Zu Chagalls Selbstverständnis als ‚Bote' in der Nachfolge des Mose vgl. die Anmerkung zu Bild 17 und den Titel der „Message Biblique Marc Chagall" in Nizza, dem von ihm so bezeichneten „Zentralwerk meines Lebens".

Seite 47
Ebenen: Zur Technik der Bildebenen bei Chagall: Roy McMullen: „Marc Chagalls Welt", Stuttgart 1968, S. 30ff. („Raum und Wirklichkeit"); Christoph Goldmann, „Bild-Zeichen bei Marc Chagall", Göttingen 1995, Bd I, „Kompositorische Elemente", S. 85ff. und „Traum", S. 130f.

Seite 55
„... die Krone der Tora ...": Michael L. Munk: The Wisdom in the Hebrew Alphabet, New York 1983, S. 134

Seite 59
„Ich danke Ihm ...": Mündlich durch Frau Fanny Roselaar, Jerusalem.

Seite 63
„Ihr saht den weisen Salomon ...": Bert Brecht: Mutter Courage, Bild 9.

Seite 65
„Gott will im Dunkel wohnen ...": 1. Kön. 8,12
„Die Tora ist ...": Lev 18,5; Dn 30,20; Neh 9,29; Ez 20,11.
„Wie schön sind ...": Ps 84,4.

Seite 67
„Gott gab Salomo Weisheit ...": 1.Kön. 5,9ff.;
„Er redete über Anfang ...": Weisheit 7,18ff.;
„Hast du alles gehört ...": Kohelet 12,13f.

Seite 69
„Ich habe euch herausgeführt ...": Ex 20,2ff.; 22,21 (Witwen und Waisen); 23,9; Lev 19,33f. (Fremdlinge); Dn 16,13f. (die sozial Schwachen).

Seite 75
„Bei Chagall ist das Übernatürliche natürlich": Marc Chagall / Klaus Mayer: Herr, mein Gott, wie groß bist du!, Würzburg 1981, S. 25.
„... als Bettler oder armer Wanderer verkleidet ...", vgl. dazu Marc Chagall: Mein Leben, Stuttgart 1959, S. 40f. und Bella Chagall: Brennende Lichter, rororo Nr. 1223, Hamburg 1969, S. 47ff., 198, 204ff.

Seite 79
„Rührend in ihrer Einfalt ...": Elie Wiesel: Chassidische Feier, Wien 1974, S. 9f.

Seite 81
„Weh mir, Mutter, daß du mich geboren ...": Jer. 15,10 und 20,7-9 und 15,16.

Seite 83
„... starker Hand ..." Anspielung auf die Attribute des rettenden Gottes seit der Befreiung aus Ägypten.
„Die wegziehende Herrlichkeit": Ez 11,23 (vgl. auch 43,1-5)

Seite 87
„Wieder ist es die Begegnung ..." (d.h. wie Chagall sie selbst erlebt hat): Vgl. Marc Chagall: Mein Leben, S. 81f.

Seite 89
„So etwa erschien ...": Ez. 28,1; Ez. 2,1

Bildnachweis

BIBLE, 1931–1939 und 1952–1956
Folge von 105 Radierungen
Paris, Tériade Editeur, 1957
2 Bände: lose Lagen in 2 Kassetten
Band 1: 33 Doppelblätter und 57 Radierungen
Band 2: 29 Doppelblätter und 48 Radierungen

Es wurden 100 Mappen herausgegeben, mit allen 105 Radierungen, auf Vélin d'Arches, handkoloriert, signiert und nummeriert.
E. W. Kornfeld, Bern
Chagall begann das Werk 1931–1993 für Ambroise Vollard. Der zweite Teil wurde 1952–1956 von Tériade fertiggestellt. 66 Radierungen wurden 1931–1939 in der Werkstatt von Maurice Potin in Paris unter der Anleitung Chagalls gedruckt, die übrigen 39 in Zusammenarbeit mit dem Künstler von 1952–1956 in der Werkstatt von Raymond Haasen.

S. 7 Erschaffung des Menschen, 30,6 × 22,8 cm, Radierung, koloriert, BIBLE 1.
S. 9 Noah entsendet die Taube, 31,5 × 23,7 cm, Radierung, koloriert, BIBLE 2.
S. 11 Der Bogen am Himmel, 30,3 × 23,0 cm, Radierung, koloriert, BIBLE 4.
S. 13 Der Abstieg nach Sodom, 30,6 x× 23,6 cm, Radierung, koloriert, BIBLE 8.
S. 15 Opferung Isaaks, 30,4 × 23,7 cm, Radierung, koloriert, BIBLE 10.
S. 17 Isaak segnet Jakob, 29,5 × 23,6 cm, Radierung, koloriert, BIBLE 13.
S. 19 Die Jakobsleiter, 29,5 × 24,3 cm, Radierung, koloriert, BIBLE 14.
S. 21 Begegnung zwischen Jakob und Rahel, 29,2 × 22,9 cm, Radierung, koloriert, BIBLE 15.
S. 23 Der Kampf mit dem Engel, 29,7 × 23,7 cm, Radierung, koloriert, BIBLE 16.
S. 25 Jakob beweint Josef, 30,2 × 24,6 cm, Radierung, koloriert, BIBLE 20.
S. 27 Der Traum des Pharao, 28,7 × 22,6, Radierung, koloriert, BIBLE 22.
S. 29 Josef wird von seinen Brüdern wiedererkannt, 29,4 × 23,3 cm, Radierung, koloriert, BIBLE 23.
S. 31 Auffindung des Moseknaben, 28,7 × 22,6 cm, Radierung, koloriert, BIBLE 26.
S. 33 Der brennende Busch, 28,9 × 22,7 cm, Radierung, koloriert, BIBLE 27.
S. 35 Mose und Aron vor dem Pharao, 28,8 × B 22,8 cm, Radierung, koloriert, BIBLE 30.
S. 37 Der Zug durch das Rote Meer, 31,7 × 23,9 cm, Radierung, koloriert, BIBLE 34.
S. 39 Mose empfängt die Gesetzestafeln, 28,3 × 22,7 cm, Radierung, koloriert, BIBLE 37.
S. 41 Der Tod des Mose, 30,6 × 24,5 cm, Radierung, koloriert, BIBLE 41.
S. 43 Mose segnet Josua, 32,1 × 24,2 cm, Radierung, koloriert, BIBLE 42.
S. 45 Die Prophetin Deborah, 30,0 × 25,0 cm, Radierung, koloriert, BIBLE 52.
S. 47 Hanna ruft Gott an, 27,3 × 23,3 cm, Radierung, koloriert, BIBLE 58.
S. 49 Saul wird zum König gesalbt, 31,7 × 21,7 cm, Radierung, koloriert, BIBLE 60.
S. 51 Saul und David, 29,9 × 23,9 cm, Radierung, koloriert, BIBLE 61.
S. 53 Die Lade wird nach Jerusalem gebracht, 32,2 × 22,7 cm, Radierung, koloriert, BIBLE 68.
S. 55 David und Bath-Seba, 28,5 × 24,9 cm, Radierung, koloriert, BIBLE 69.
S. 57 David steigt auf den Ölberg, 32,2 × 24,5 cm, Radierung, koloriert, BIBLE 71.
S. 59 Davids Lobgesang, 31,6 × 22,7 cm, Radierung, koloriert, BIBLE 74.
S. 61 Batseba zu Füßen Davids, 32,2 × 25,2 cm, Radierung, koloriert, BIBLE 75.
S. 63 Salomos Traum, 28,5 × 23,7 cm, Radierung, koloriert, BIBLE 77.
S. 65 Salomos Gebet, 32,8 × 24,8 cm, Radierung, koloriert, BIBLE 79.
S. 67 Die Königin von Saba, 31,9 × 21,9 cm, Radierung, koloriert, BIBLE 80.
S. 69 Salomo auf seinem Thron, 31,5 × 23,7 cm, Radierung, koloriert, BIBLE 81.

S. 71 Das durch Elija vom Tode erweckte Kind, 30,2 × 24,3 cm, Radierung, koloriert, BIBLE 84.
S. 73 Elijas Opfer, 32,3 × 24,6 cm, Radierung, koloriert, BIBLE 85.
S. 75 Elijas Himmelfahrt, 31,9 × 24,4 cm, Radierung, koloriert, BIBLE 89.
S. 77 Prophezeiung über Jerusalem, 31,9 × 24,6 cm, Radierung, koloriert, BIBLE 90.
S. 79 Messianische Zeiten, 31,5 × 24,7 cm, Radierung, koloriert, BIBLE 92.
S. 81 Jeremia in der Grube, 32,8 × 26,5 cm, Radierung, koloriert, BIBLE 103.
S. 83 Einnahme von Jerusalem, 30,7 × 25,6 cm, Radierung, koloriert, BIBLE 101.
S. 85 Jeremias Klage, 31,9 × 24,9 cm, Radierung, koloriert, BIBLE 103.
S. 87 Gebet des Jesaja, 32,6 × 24,7 cm, Radierung, koloriert, BIBLE 99.
S. 89 Vision des Hesekiel, 32,2 × 25,2 cm, Radierung, koloriert, BIBLE 104.
S. 91 Berufung des Hesekiel, 32,9 × B 24,8 cm, Radierung, koloriert, BIBLE 105.

Kurzbiographien

Marc Chagall,
geboren 1887 in einem jüdischen Elternhaus in Witebsk, Weißrussland (jetzt in Belarus). Studium der Kunst in St. Petersburg und Paris. Seit 1931 bis zum Ende seines Lebens immer wieder intensive Auseinandersetzung mit der Bibel. Seine Faszination mit der Bibel kulminierte in einer Reihe von über 100 Radierungen, welche die Bibel veranschaulichen. 1960 folgte ein weiterer Band „Dessins pour La Bible", in dem Marc Chagall auf 96 Blättern vor allem Frauengestalten der Hebräischen Bibel vorstellte. Nach dem Exil 1941 bis 1947 in den USA, Entstehung seines Lebenswerkes die „Message Biblique Chagall". Mit 70 Jahren Beginn der Gestaltung von Glasfenstern, unter anderem in Israel, gestorben 1985 in Saint Paul-de-Vence.

Dr. Christoph O. Goldmann,
Dozent für Religionspädagogik in Göttingen und für Altes Testament, Religionslehrerfortbildung, biblisches Hebräisch und jüdische Tora-Auslegung in Kassel, Evangelischer Pfarrer, lebt in Fuldabrück, Autor zahlreicher Publikationen zu Marc Chagall: Message Biblique Marc Chagall – Der Bildmidrasch eines jüdischen Künstlers zur Hebräischen Bibel, Dissertation, Heidelberg 1989, Bild-Zeichen bei Marc Chagall – Eine Enzyklopädie zur „Biblischen Botschaft Marc Chagall" in Nizza, Göttingen 1995; Kinder entdecken Gott mit Marc Chagall, Göttingen 1997, Die Große Chagall-Bibel, Stuttgart 1999.